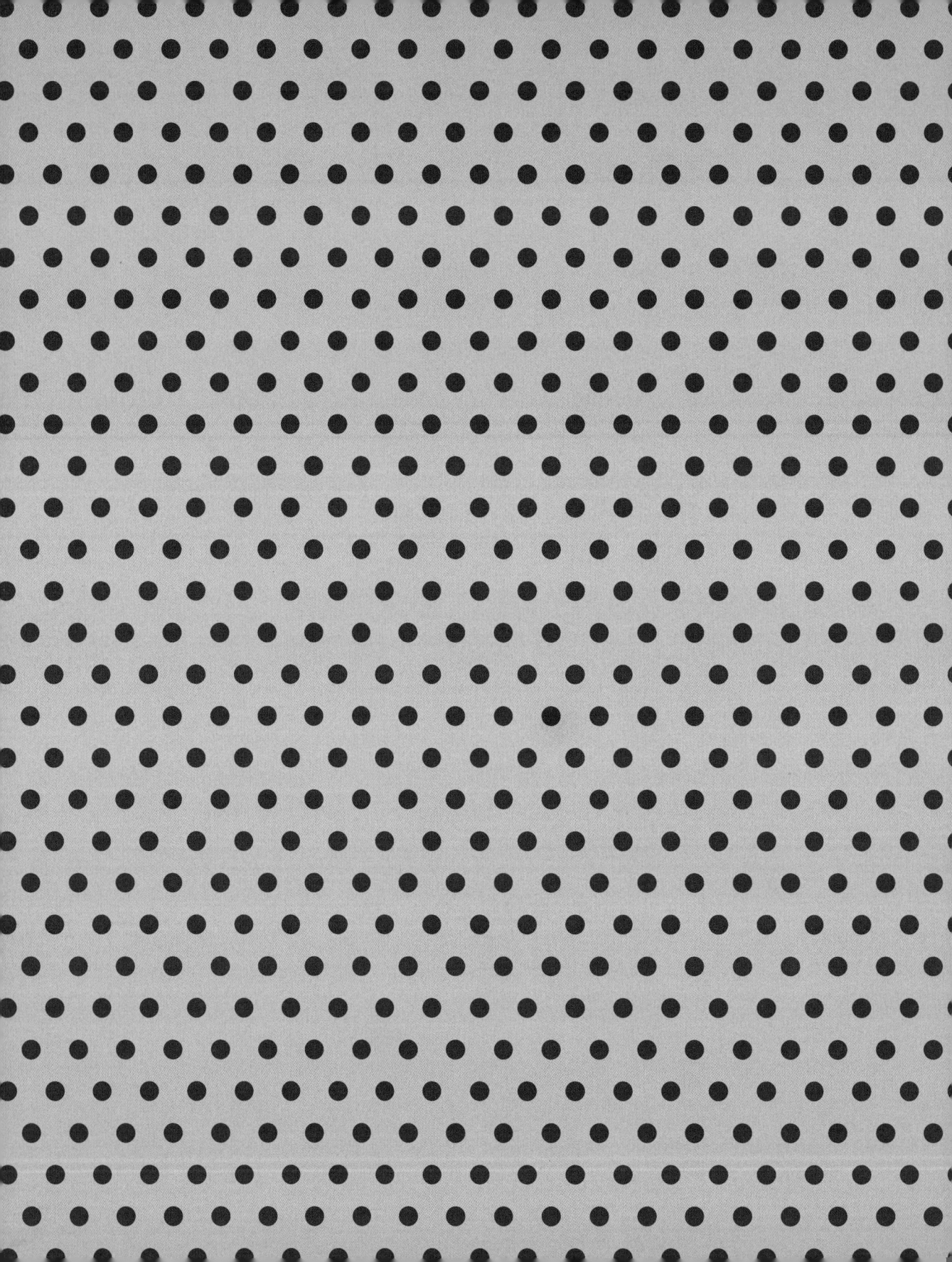

SILKE ROTHENBURGER-ZERRER
DAS LEBEN ISST SCHÖN

Silke Rothenburger-Zerrer

Das Leben isst schön

Wohltuende Rezepte
und Selbstgemachtes
für dein Zuhause

Jan Thorbecke Verlag

VERLAGSGRUPPE PATMOS

PATMOS
ESCHBACH
GRUNEWALD
THORBECKE
SCHWABEN
VER SACRUM

Die Verlagsgruppe
mit Sinn für das Leben

Für die Verlagsgruppe Patmos ist Nach-
haltigkeit ein wichtiger Maßstab ihres
Handelns. Wir achten daher auf den
Einsatz umweltschonender Ressourcen
und Materialien.

Umschlaggestaltung oder Gestaltung:
Finken und Bumiller, Stuttgart
Fotografie: Silke Rothenburg-Zerrer
Druck: Firmengruppe APPL, aprinta
druck, Wemding
Hergestellt in Deutschland
ISBN 978-3-7995-1316-6

INHALT

Das Leben isst schön

VORWORT

Ich freue mich sehr, dass mein Buch deine Neugier geweckt hat und dass du es jetzt in den Händen hältst. Die Liebe zum Kochen, Backen und Dekorieren begleiteten mich schon als Kind. In der Backstube meines Opas, der eine kleine Bäckerei hatte, habe ich mit Begeisterung Teig geknetet und Brezeln geschlungen. In der Küche meiner Mutter habe ich gerne mitgekocht und mitgebacken, aber auch selber experimentiert. Egal, wie die Küche danach aussah – ich durfte mich dort austoben und meine Eltern und Geschwister mit mancherlei Kreationen überraschen.

Heute kann ich in der Küche oder beim Werkeln gut abschalten. Kochen und backen ist für mich ein kreativer Ausgleich zu meinem Bürojob. Ich nehme mir auch an stressigen Tagen Zeit für ein leckeres Essen, dabei ist es für mich nur wichtig, dass die Rezepte einfach in der Zubereitung sind. Die

Gerichte sollen nicht nur den Hunger stillen, sondern auch Freude und Genuss bereiten. Um sich Genuss auch in einer kurzen Mittagspause zu gönnen, sollten die Rezepte einfach und schnell umsetzbar sein. Genießen sollte ein selbstverständlicher Teil des Lebens sein und keine Besonderheit. Aus regionalen, frischen Zutaten lässt sich in wenigen Minuten eine wirklich köstliche Mahlzeit zubereiten. Meist dauert das nicht länger als ein Fertiggericht aufzutauen, und das Zubereiten der frischen Lebensmittel bereitet Spaß und ist zudem noch viel gesünder.

Für meine Rezepte verwende ich hauptsächlich saisonale und regionale Zutaten, alle Lebensmittel sind auf dem Wochenmarkt und im Supermarkt zu bekommen. Neben dem Kochen und Backen liebe ich einfache DIYs und das Fotografieren. Was ich an kreativen Ideen ausprobiert habe, seht ihr darum Schritt für Schritt auf Fotos. Ideen und Inspirationen hole ich mir aus dem Internet, aber vor allem aus einem großen Kreis von kreativ und handwerklich begabten Menschen, den ich über die Jahre kennen gelernt habe. Ich treffe mich unter anderem regelmäßig mit einer Freundin, die an der Schule, an der ich arbeite, die Papier-AG geleitet hat. Wir tauschen uns gerne aus und probieren, neue Techniken und Ideen umzusetzen. Wie beim Kochen steht bei mir auch beim DIY die Freude daran im Vordergrund, etwas Schönes zu schaffen. Auch Bastelprojekte sollen keinen Stress machen, sondern im Gegenteil den hektischen Alltag entschleunigen.

Das Leben isst schön, das ist eigentlich ganz einfach. Hier in meinem Buch habe ich Rezepte gesammelt, die einfach zuzubereiten sind und trotzdem etwas Raffinesse haben. Meine DIYs passend zur Jahreszeit sind ganz einfach umzusetzen und verleihen der Wohnung, dem Haus oder Tisch eine persönliche Note.

VIEL SPAß BEIM EINTAUCHEN IN MEINE REZEPTE UND IDEEN.

Frühling

Endlich Frühling. Eigentlich mag ich alle Jahreszeiten gleich gerne, aber den Frühling sehne ich mir immer ganz besonders herbei.

Der Frühling bedeutet für mich Aufbruch, Neubeginn und Leben.

Es ist einfach herrlich, morgens von dem Gesang der Vögel geweckt zu werden. Wenn die Vögel wieder anfangen zu singen, dann lässt der Frühling nicht mehr lange auf sich warten. In unserem Garten haben wir regelmäßig Besuch von einer Blaumeisenfamilie, die uns mit ihrem Gezwitscher das Aufstehen erleichtert.

Oft kann ich schon auf die warme Jacke und den Schal verzichten – alles fühlt sich leichter und freier an.

Es ist wieder heller. Wenn am Morgen die ersten Sonnenstrahlen durch die Jalousien ins Schlafzimmer blitzen, bin ich wacher und starte motivierter in den Tag.

Die ersten Frühblüher sprießen im Garten, und ich mache mir Gedanken, welche Blumen, Kräuter und Gemüse ich jetzt schon auf der Fensterbank vorziehen kann, um sie dann im Frühsommer auszupflanzen. Bei mir stehen jedes Jahr die Fensterbänke voll mit Levkojen- und Bartnelkenpflänzchen. Ebenso warten Tomatenkeimlinge und allerlei Küchenkräuter bei uns geschützt im Haus auf wärmere Temperaturen.

Nie verzaubert die aufkeimende Natur so sehr wie im Frühling.

Es tut so gut, nachmittags auf dem Balkon oder einem geschützten Eckchen im Garten die ersten Sonnenstrahlen einzufangen und vielleicht schon das Kaffeetrinken nach draußen zu verlegen.

Endlich gibt es wieder junges Gemüse und frische Kräuter, aus denen wir im Handumdrehen leckere Gerichte zaubern können.

Bei uns werden das ganze Jahr über sehr gerne Suppen gegessen. Ich finde es praktisch, dass sie so gut vorzubereiten sind und auch nach dem Auf- wärmen noch super schmecken. Meine Kinder, die beide studieren, freuen sich immer über ein Suppenmitbringsel im Glas, das nach der Vorlesung nur noch aufgewärmt werden muss.

Orientalische
BROKKOLI-SUPPE MIT KOKOS

Zutaten für 4 Portionen

500 g Brokkoli
1 mittelgroße Zwiebel
1 große Knoblauchzehe
3 mittelgroße Kartoffeln
3 Stängel Petersilie
Olivenöl
100 g Pinienkerne
1 TL frisch geriebener Ingwer
1 TL Curry
1 TL Paprikapulver
750 ml Wasser
100 ml Kokosmilch
2 Lauchzwiebeln
Granatapfelkerne
Salz, Pfeffer

Zubereitung

1. Brokkoli in Röschen trennen, die Stiele würfeln. Ein paar kleine Rös- chen für die Garnitur beiseitestellen.

2. Zwiebel und Knoblauch schälen, grob würfeln.

3. Kartoffeln schälen und grob würfeln.

4. Die Petersilie hacken.

5. Olivenöl in einem großen Topf erhit- zen und die Pinienkerne darin rösten.

6. Die Hälfte der Pinienkerne heraus- nehmen und beiseitestellen.

7. Zwiebel und Knoblauchwürfel in den Topf geben und kurz mitrösten.

8. Brokkoli und Kartoffeln, Petersilie, Curry, Paprika und Ingwer dazuge- ben, ein paar Minuten anschwitzen.

9. Mit Wasser ablöschen und aufko- chen. Zugedeckt bei mittlerer Hitze etwa 25 Minuten gar kochen.

10. Vom Herd nehmen, Kokosmilch hinzugeben und mit dem Stabmixer fein pürieren. Mit Salz und Pfeffer abschmecken.

11. Lauchzwiebel in feine Röllchen schneiden.

12. Die Brokkoli-Suppe auf 4 Suppen- schalen verteilen, mit den übrigen Brokkoli-Röschen und den Lauch- zwiebelröllchen bestreuen. Darüber erst die gerösteten Pinienkerne, dann die Granatapfelkerne verteilen.

Banane und Schokolade gehören unbedingt zusammen – das behaupten zumindest meine beiden Kinder. Wie gut, dass wir immer sehr reife Bananen, die keiner mehr essen mag, im Haus haben. Diese verstecken sich im Hefeteig und machen das Schokobrot unglaublich saftig und fluffig.

FLUFFIGE
Schokoladenbabka

Zutaten für eine Kastenform

500 g Mehl
1 Päckchen Trockenhefe
60 g Zucker
1 Päckchen Bourbon-Vanille-
    zucker
1 TL Salz
2 Bananen
75 g Margarine
100 ml Milch (+ etwas zum
    Bestreichen)
150 g Nussnougat-Creme

Zubereitung

1. Mehl, Hefe, Zucker, Vanillezucker und Salz vermischen. Bananen zerdrücken und hinzugeben.

2. Die Margarine bei geringer Hitze schmelzen, 100 ml Milch hinzugeben und leicht erwärmen, bis sie etwa handwarm ist. Zur Mehlmischung geben und zu einem glatten Teig verarbeiten. Mit einem feuchten Tuch abgedeckt an einem warmen Ort ca. 60 Minuten gehen lassen.

3. Eine Kastenform gut ausfetten. Den Teig kurz durchkneten und auf einer bemehlten Arbeitsfläche zu einem ca. 40 x 50 cm großen Viereck ausrollen. Die Nussnougatcreme gleichmäßig auf dem Teig verstreichen, dabei rundherum ca. 1,5 cm Rand frei lassen.

4. Den Teig parallel zur längeren Seite in zwei Hälften schneiden. Die beiden Rechtecke von der Schnittkante her eng aufrollen, so dass zwei Stränge entstehen. Die Teigenden zusammennehmen und beide Stränge miteinander verdrehen. Die verschlungenen Teigrollen in die Kastenform legen. Teigstränge mit einem spitzen Messer ca. 1 cm tief einritzen. Die Kastenform mit dem Tuch abdecken und den Teig weitere 15 Minuten gehen lassen.

5. Inzwischen den Backofen auf 200 °C (Ober/Unterhitze) vorheizen. Das Schokoladenbrot mit Milch bestreichen. Die Kastenform mit Backpapier abdecken und das Brot ca. 35–40 Minuten backen.

Eine nette Überraschung für unsere Liebsten am Valentinstag sind die selbst gemachten Hand-Pies. Sie sind schnell gemacht und können problemlos mit in die Brotdose geschmuggelt werden. Die herzhaften Teigtaschen schmecken kalt und warm und sicherlich nicht nur am Valentinstag.

Herzige Hand-Pie
HERZHAFT GEFÜLLT

Zutaten für 12 Stück

320 g Dinkelvollkornmehl
300 g Quark
6 TL Olivenöl
2 TL Backpulver
einige Cocktailtomaten
1 Zweig Rosmarin
180 g Ziegenfrischkäse
100 g frisch geriebener
   Parmesan
Honig

Zubereitung

1. Das Mehl mit dem Quark, Olivenöl und Backpulver zu einem Teig verkneten. Den Teig auf einer bemehlten Arbeitsfläche etwa 0,5 cm dick ausrollen und mit einem Glas 8 cm große Kreise ausstechen.

2. Eine Muffinform fetten und mit den Kreisen auslegen – der Teig muss am Rand ein wenig überstehen.

3. Den restlichen Teig nochmals verkneten und ausrollen. Mit einem kleineren Glas 12 Kreise als Deckel ausstechen. In der Mitte jeweils ein kleines Herz ausstechen.

4. Die Tomaten klein schneiden. Den Rosmarin waschen und die Nadeln fein hacken. Mit Ziegenfrischkäse, Parmesan und Honig vermischen.

5. Die Masse auf die Teigkreise in den Muffinformen verteilen.

6. Die Deckel aufsetzen und mit einer Gabel am Rand etwas festdrücken.

7. Im Backofen (Heißluft: 180 °C) etwa 20 Minuten backen.

Mein Tipp: DER ZIEGENFRISCHKÄSE KANN GUT DURCH SCHAFSKÄSE ERSETZT WERDEN. WER ES GERNE DEFTIGER HAT, MISCHT EIN PAAR SPECKWÜRFEL IN DIE FÜLLUNG.

Bei uns im Schwabenland steht leckeres Laugengebäck hoch im Kurs. Die Liebe zu Laugenbrezeln und -weckle wurde mir quasi mit in die Wiege gelegt. Ein ausgiebiges Frühstück ohne Laugengebäck kann ich mir nur sehr schwer vorstellen. Bevor ich dieses Rezept von einer Freundin bekommen habe, hatte ich mich allerdings noch nie an die Lauge gewagt.
Ihr werdet aber sehen, es ist ganz einfach, und der Duft, der aus dem Backofen kommt, ist mit nichts zu toppen.

LAUGEN-*Muffins*

Zutaten für 12 Stück

400 g Weizenmehl, Type 405
1 TL Salz
½ Würfel Frischhefe
1 TL Zucker
225 ml lauwarmes Wasser
1 l Wasser
50 g Natron
1–2 EL Fleur de Sel

Zubereitung

1. Mehl und Salz in die Rührschüssel geben.

2. Hefe zusammen mit dem Zucker im Wasser auflösen und zum Mehl geben. Alles etwa 10 Minuten lang zu einem geschmeidigen Teig kneten.

3. Den Teig zugedeckt eine halbe Stunde an einem warmen Ort ruhen lassen.

4. Den Teig nach der Gehzeit nochmals durchkneten und in 12 gleiche Stücke teilen. Jedes zu einer Kugel formen und auf einem Backbrett zugedeckt nochmal eine halbe Stunde gehen lassen.

5. Ein Muffinblech mit 12 Mulden leicht fetten. Den Backofen auf 220°C Ober- Unterhitze vorheizen.

6. Das Wasser zusammen mit dem Natron aufkochen. Vom Herd nehmen und die Teigkugeln darin 30 Sekunden ziehen lassen. Dabei darauf achten, dass sie sich umdrehen und die Lauge alles erreicht.

7. Mit der Schaumkelle rausheben und kurz auf einem Küchenkrepp abtropfen lassen. In die Mulden geben und mit Meersalz bestreuen.

8. Das Muffinblech auf mittlerer Schiene 15 Minuten backen. Danach kurz auskühlen lassen, die Muffins herauslösen und auf einem Gitterrost vollständig auskühlen lassen.

Mein Tipp: WER ES AM MORGEN EILIG HAT, KANN DEN HEFETEIG SCHON AM VORABEND ZUBEREITEN: DEN TEIG IN EINER SCHÜSSEL MIT DECKEL IN DEN KÜHLSCHRANK STELLEN. DORT GEHT ER GANZ LANGSAM UND IST AM MORGEN BEREIT FÜR DIE WEITERVERARBEITUNG.

Quarkbällchen selber machen ist ganz einfach, und sie schmecken mindestens genauso gut wie die vom Bäcker! Man braucht dazu keine Fritteuse, ein kleiner Topf mit hohem Rand reicht völlig aus. Fastnachtsküchle und Quarkbällchen sind eigentlich die einzigen Gerichte, die ich frittiere – da lohnt sich die Anschaffung einer Fritteuse wirklich nicht.

Quarkbällchen MIT TONKABOHNE UND ZIMTZUCKER

Zutaten für 30 Stück

2 Eier (M)
100 g Zucker
250 g Magerquark
1 Messerspitze geriebene Tonkabohne
1 Päckchen Vanillezucker
200 g Mehl
50 g Speisestärke
½ Päckchen Backpulver
500 ml Brat- und Frittieröl
Zucker und Zimt zum Wälzen

Zubereitung

1. Eier und Zucker schaumig aufschlagen.

2. Den Quark sowie alle trockenen Zutaten kurz unterrühren.

3. Das Fett in einem kleinen, hohen Topf erhitzen.

4. Mit leicht bemehlten Händen aus dem Teig ca. 30 Bällchen formen.

5. Jeweils ca. 4 Bällchen für 3–4 Minuten ins heiße Fett geben. Eventuell mit dem Holzlöffel drehen.

6. Mit einem Schaumlöffel aus dem Fett holen und in einem Teller mit der Zucker und Zimtmischung wälzen.

7. Frisch genießen.

Mein Tipp: TONKABOHNEN HABEN EIN SEHR INTENSIVES VANILLEAROMA. ICH REIBE SIE AUF EINER MUSKATREIBE IMMER FRISCH.

Brownies müssen meiner Meinung nach schokoladig und saftig sein und sich schön rund im Mund machen. Wenn der Schokoladenhunger groß wird, sind sie schnell gemacht und können sogar noch warm aufgegessen werden. Hier für euch mein persönliches Lieblingsrezept.

KOKOS-SCHOKOLADEN-
Brownies

Zutaten für ein Blech

170 g Butter
100 g hochwertige Schokolade
1 TL löslicher Kaffee
200 g Zucker
3 Eier
5 g Vanilleextrakt oder
   Vanillezucker
2 g Salz
1 TL Kakaopulver
95 g Mehl

200 g Kokosflocken
250 g Frischkäse

Zubereitung

1. Butter und Schokolade zusammen im Wasserbad schmelzen.

2. Löslichen Kaffee und Zucker unterrühren.

3. Aus dem Wasserbad nehmen und die Eier nacheinander unterheben.

4. Vanille, Salz und Kakaopulver hinzugeben. Mehl unterrühren.

5. In eine mit Backpapier ausgelegte Form (ca. 25 cm x 30 cm) geben. Bei 180 °C für 30–35 Minuten backen.

6. Brownies auf einem Backblech ganz abkühlen lassen.

7. Kokosflocken in eine Schüssel geben und mit dem Frischkäse fluffig aufschlagen.

8. Auf die gebackenen, noch nicht geschnittenen Brownies die Kokoscreme geben. Für 1 Stunde kalt stellen.

9. Aus der Form nehmen und zum Servieren in Stücke schneiden.

10. Wer möchte, kann die Brownies noch mit Kokos-Chips verzieren.

Mein Tipp: DIE BROWNIES SCHMECKEN AUCH OHNE DAS FRISCHKÄSETOPPING SEHR LECKER. WER MAG, HEBT NOCH EIN PAAR HEIDELBEEREN UNTER DEN TEIG.

Kaffee und Kuchen gehören zu Ostern einfach dazu. Wir backen eigentlich jedes Jahr unseren Spiegelei-Kuchen. Das Rezept habe ich schon ewig. Ich habe es damals von einer Kindergartenmutter bekommen, die den Spiegelei-Kuchen für ein Fest im Kindergarten gebacken hatte. Dieses Mal habe ich das Rezept ein wenig abgewandelt und Spiegelei-Muffins daraus gebacken.

Süße SPIEGELEI MUFFINS

Zutaten für 10 - 12 Muffins

100 ml Sonnenblumenöl
180 g Rohrzucker
1 Päckchen Vanillezucker
50 g Zartbitterschokolade
240 g Mehl
30 g Kakaopulver
½ Päckchen Backpulver
240 ml Wasser

120 g Sahne
100 g Schmand
1 Vanilleschote
1 Dose halbe Aprikosen
Muffinförmchen aus Papier

Zubereitung

1. Den Backofen auf 180°C vorheizen.

2. Das Öl mit Zucker und Vanillezucker schaumig mixen.

3. Die Schokolade fein reiben und zusammen mit Mehl, Kakao und Backpulver zur Zucker-Ölmischung geben und mit dem Handmixer gut vermengen. Nach und nach das Wasser dazugeben.

4. Papierförmchen in die Mulden vom Muffinblech legen und anschließend den Teig in den 12 Mulden verteilen.

5. Die Muffins etwa 15 bis 20 Minuten backen und anschließend gut abkühlen lassen.

6. Für das Topping Sahne, Schmand und das Mark der Vanilleschote mit dem Handrührer so lange aufschlagen, bis eine feste Masse entsteht.

7. Die Sahnecreme auf den abgekühlten Muffins verteilen und mit je einer gut abgetropften Aprikosenhälfte toppen.

Eierlikör – für einige sicherlich nur eine Zutat für Muffins und Eier-
likörkuchen. Für mich war das auch lange Zeit so. Ich konnte den Flaschen
im Supermarkt nichts abgewinnen. Erst als ich ein Fläschchen selbstgemachten Likör geschenkt bekommen hatte, änderte sich meine Meinung.
Jetzt liebe ich Eierlikör, aber nur den selbstgemachten, außerdem ist
er ein prima Mitbringsel zur Osterzeit.

ORANGEN-*Eierlikör*

Zutaten für ca. 600 ml

1 unbehandelte Orange, Saft
   und Abrieb (ca. 75 ml Saft)
140 g Puderzucker
200 ml Sahne
4 sehr frische Eigelbe
1 TL Vanilleextrakt
170 ml Weinbrand
   (mind. 36 Vol %)

Zubereitung

1. Mit einer sehr feinen Reibe die oran-
   gefarbene Schicht von der Orangenschale abreiben. Danach den Saft
   ausspressen und beiseitestellen.

2. Puderzucker und Orangenabrieb
   vermischen.

3. Sahne erhitzen.

4. Die Eigelbe mit dem Puderzucker
   über einem Wasserbad mit dem
   Schneebesen einige Minuten lang
   schaumig schlagen.

5. Sahne in dünnem Strahl zugießen,
   Vanille und Orangensaft zugeben
   und ca. 10–15 Minuten schaumig
   schlagen, bis die Masse leicht an-
   dickt. Zum Schluss den Weinbrand
   unterrühren.

6. Den Eierlikör heiß in sehr saubere
   Flaschen abfüllen.

7. Gut verschlossen und kühl gestellt,
   ist der Likör etwa 2 Wochen haltbar.

Mein Tipp: STATT VANILLE KÖNNT IHR
AUCH EINE MESSERSPITZE TONKABOHNE
ODER MUSKATNUSS IN DEN LIKÖR GEBEN.

Achtung: UNBEDINGT GANZ FRISCHE
EIER VERWENDEN!

ZITRONESIRUP

Es gibt Tage, an denen fehlt die Sonne einfach. Wenn es draußen trübe und regnerisch ist, hole ich mir mit einem Glas Zitronenlimo die Sonne ins Haus. Der Sirup, den ich als Grundlage dafür verwende, ist aus nur drei Zutaten selbst gemacht und garantiert frei von künstlichen Farb- und Aromastoffen.

Zitronensirup für
ZITRONENLIMONADE

Zutaten für 1 Liter Sirup

3 Bio-Zitronen
500 g Zucker
500 g Wasser

Zubereitung

1. Zitronen waschen. Die gelbe, obere Schicht der Schale mit einem Sparschäler dünn abschälen.

2. Die Zitronen auspressen.

3. Zitronensaft und -schalen mit Zucker und Wasser in einen großen Topf geben. Alles aufkochen, und dann bei reduzierter Hitze 10 Minuten ohne Deckel köcheln lassen.

4. Topf vom Herd nehmen und zugedeckt über Nacht ziehen lassen.

5. Am nächsten Tag alles durch ein feines Sieb gießen und nochmals aufkochen. Hitze reduzieren und 5 Minuten köcheln lassen.

6. Den heißen Sirup sofort in ausgekochte Flaschen füllen und verschließen.

Mein Tipp: DER SIRUP IST ETWA EIN HALBES JAHR HALTBAR. ANGEBROCHENE FLASCHEN IM KÜHLSCHRANK AUFBEWAHREN. FÜR DIE ZITRONENLIMONADE WIRD DER SIRUP IM VERHÄLTNIS 1:10 MIT MINERALWASSER GEMISCHT. DIE LIMO SIEHT IN EINEM KRUG MIT ZITRONENSCHEIBEN UND EISWÜRFEL BESONDERS HÜBSCH AUS.

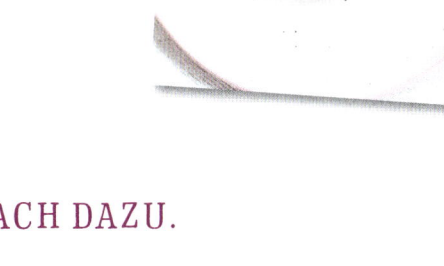

FRÖHLICH BUNTE

Ostereier

GEHÖREN FÜR MICH
AN OSTERN EINFACH DAZU.

Allerdings mag ich die knalligen Farben, die mit chemischen Farbstoffen erzielt werden, ganz und gar nicht. Deshalb habe ich das Färben mit Farben aus der Natur ausprobiert und ein wenig experimentiert. Da ich rosa gefärbte Ostereier wunderschön finde, zeige ich hier, wie ihr das ganz einfach und natürlich hinbekommt.

OSTEREIER IM STREIFENLOOK mit
Avocadoschale natürlich gefärbt

Ihr braucht
- 6 weiße Eier
- Schale und Kern einer Avocado
- Gummibänder in verschiedenen Stärken
- etwas Salz
- Küchenkrepp

So wird es gemacht

1 Eier vorbereiten: Zuerst den Stempel mit ein wenig Scheuermilch von der Eierschale rubbeln.

2 Die Eier hart kochen.

3 Für den Färbersud die Schale und den Kern einer Avocado in einem Topf mit Wasser und etwas Salz aufkochen und so lange köcheln lassen, bis das Wasser tiefrot ist.

4 Für die Streifen die gekochten, noch warmen Eier mit den Gummibändern umwickeln. Das Band muss straff um das Ei sitzen.

5 Zum Färben die mit Gummibändern umwickelten Eier in den noch heißen Sud geben und so lange ziehen lassen, bis die gewünschte Farbe erreicht ist.

6 Zum Schluss die Eier mit einem Esslöffel aus dem Wasser holen und auf einem Stück Küchenkrepp abtropfen lassen. Gummiband abziehen – fertig!

Mein Tipp: DAS FÄRBEN MIT NATURMATERIALIEN IST EXTREM SPANNEND, DENN DAS ERGEBNIS LÄSST SICH VORHER NICHT GENAU ABSCHÄTZEN. DER FARBTON DER MIT AVOCADO GEFÄRBTEN EIER REICHT VON EINEM GANZ ZARTEN ROSA BIS HIN ZU EINEM ROSTIGEN ROTTON. ES IST SCHÖN ZU SEHEN, WIE UNTERSCHIEDLICH DIE OSTEREIER AUSSEHEN KÖNNEN UND WIE DER FARBTON SELBST BEI DEN SECHS ZUSAMMEN GEFÄRBTEN EIERN VARIIERT. MIT DIESER FÄRBEMETHODE KANN AUCH STOFF AUS BAUMWOLLE ODER LEINEN EINGEFÄRBT WERDEN.

Schmetterlinge –
FILIGRAN, ZART UND
GANZ SCHÖN SCHNELL.

Kaum hast du sie erblickt, sind sie schon wieder weg. Ganz anders verhält es sich bei meinen Exemplaren: Diese bunten Faltermänner sind aus Papier und bleiben geduldig dort, wo du sie hinsetzt. Sie schmücken Zweige und verschönern Geschenke. Sie machen sich aber auch als Tischschmuck beim Frühlingsfest oder Osterkaffee gut.

PLISSEE-SCHMETTERLINGE AUS PAPIER
Eine kinderleichte Bastelidee.

Ihr braucht:
- Hübsch bedrucktes Papier
- Dünnen Gold- oder Silberdraht
- Kleine Holz- oder Glasperlen
- Zange, Schere, Lineal und Bleistift

1 So wird es gemacht
Zuerst 2 Rechtecke in den Größen 11 x 9 cm und 5 x 9 cm zuschneiden.

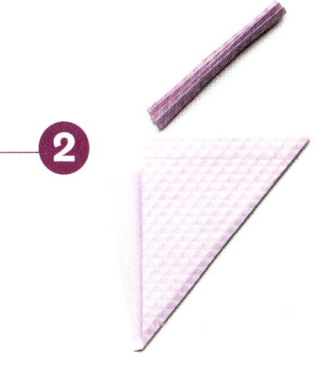

2 Das große Rechteck einmal diagonal von Ecke zu Ecke falten und dann von der Mitte aus nach außen zu einem Fächer. Das kleine Stück wird von der schmalen Seite her zum Fächer gefaltet.

3 Die beiden Teile aneinanderlegen und um die Mitte ein Stück Draht wickeln. Den Draht so lang lassen, dass daraus noch ein Aufhänger geformt werden kann.

4 Jetzt wird eine Perle auf den Draht aufgefädelt, der dann zu einem Aufhänger geformt wird.

5 Die Schmetterlinge als Mobile an einen kleinen Ast binden oder einfach an Zweigen in der Vase befestigen.

Frühsommer

Wenn der Holunder blüht, weiß ich, dass der Frühsommer beginnt. Für mich ist das immer ein Zeichen, die Gartenmöbel aus dem Winterquartier zu holen. Die Temperaturen steigen, und auf dem Wochenmarkt gibt es schon eine bunte Auswahl an Leckereien – Bärlauch, Erdbeeren, Spargel und Rhabarber haben jetzt Saison.

Da ich beim Einkaufen sehr auf Regionalität achte, freue ich mich über das zarte, junge Gemüse direkt aus meiner Gegend oder sogar aus meinem Garten. Wenn ich weiß, wo das Obst und Gemüse herkommt, schmeckt es mir noch viel besser. Auch farblich ist der Frühsommer etwas Besonderes. Die Farben Rot und Grün dominieren in unserer Küche und auf unseren Tellern.

Das Leben findet wieder mehr draußen statt, und der Garten wird unser zweites Wohnzimmer. Immer wenn es die Zeit zulässt, werkele ich im Garten herum. Besonders die eigenen Beeren, Kräuter und Gemüse aus dem Garten sind bei uns sehr beliebt. Es gibt doch nichts Besseres als eine noch sonnenwarme Beere direkt vom Busch. Ich versuche aber auch, meine Beeren-und Gemüseernte möglichst frisch zu verarbeiten. Es ist einfach schön, nach der Gartenarbeit auf der Terrasse zu sitzen, um dort einen selbst geernteten Salat oder einen üppig belegten Beerenkuchen zu genießen.

Aber nicht nur der Garten strahlt in verschiedenen Farben, sondern auch im Haus wird es wieder farbenfroher. Ich dekoriere gerne mit Blumen und Kräutern aus dem eigenen Garten und setze damit ein paar Farbtupfer in unser Zuhause. Es ist herrlich, durch den Garten zu gehen, um dort einen üppigen Blumenstrauß zu schneiden.

Um Spargel, Erbeeren und Rhabarberstangen, Himbeeren und frische Kräuter wird es in diesem Kapitel gehen.

In unserem Garten wachsen jede Menge Kräuter, aber auch „Unkräuter". Statt mich über die doch auch sehr gesunden Wildkräuter zu ärgern, verarbeite ich sie lieber zu Limonade und anderen Leckereien. In meine Kräuterlimo kommen eine ganze Menge Kräuter, leider muss ich trotzdem noch jäten, so viel können wir gar nicht aufessen bzw. trinken.

Kräuterlimo

Zutaten für ca. 4 Liter

15 Stängel Giersch
2 Stängel Zitronenmelisse
1 Ranke Gunderman
10 Stängel Zitronenmelisse
10 Blätter Basilikum
10 Stängel Minze
1 l Apfelsaft (naturtrüb oder
   klar; im Bild der Naturtrübe)
3 l Mineralwasser
2 Limetten

Zubereitung

1. Die Kräuter kurz waschen und trocken schütteln, dann mit einem Nudelholz einige Male darüberrollen, um sie anzuquetschen.

2. Die Kräuter in den Apfelsaft legen.

3. Über Nacht ziehen lassen.

4. Kräuter entfernen und den Apfelsaft mit Mineralwasser auffüllen.

5. Limetten in Scheiben schneiden und zusammen mit ein paar Blättern Minze zur Limo geben.

Mein Tipp: BESONDERS HÜBSCH SEHEN IN DER LIMO EISWÜRFEL AUS, IN DENEN IHR ZUVOR BLÄTTER VON ZITRONENMELISSE EINGEFROREN HABT.

„Bärlauch im Mai erspart das ganze Jahr Arzt und Arznei" – ob diese Bauernregel wirklich recht hat, kann ich nicht sagen. Dass Bärlauch wunderbar schmeckt und dazu auch noch sehr gesund ist, das kann ich hier versichern. Ich freue mich jedenfalls sehr, wenn in meinem Garten der Bärlauch zu sprießen beginnt.

Bärlauchsuppe

Zutaten

1 Zwiebel
3 Knoblauchzehen
3 große Kartoffeln
300 g Bärlauch
1 l Gemüsebrühe
400 ml Schlagsahne

Zubereitung

1. Die Zwiebel und den Knoblauch fein hacken, Kartoffeln schälen und in kleine Würfel schneiden, Bärlauch waschen und grob schneiden.

2. Die Zwiebel in Öl anschwitzen, Knoblauch ganz kurz mitrösten, mit Brühe aufgießen und die Kartoffelwürfel dazugeben.

3. Die Suppe ca. 20 Minuten kochen, bis die Kartoffelwürfel weich sind, dann den Bärlauch (ein paar Streifen für die Deko beiseitelegen) dazugeben und kurz aufkochen lassen.

4. Die Suppe mit dem Pürierstab fein pürieren und die Sahne unterrühren.

5. Mit etwas Bärlauch dekorieren.

Mein Tipp: DIE SUPPE LÄSST SICH AUCH GANZ LEICHT VEGAN ZUBEREITEN. DAZU EINFACH DIE SAHNE DURCH SOJA- ODER HAFERCREME ERSETZEN.

Ich weiß nicht mehr genau, wo ich zum ersten Mal diesen Salat gegessen habe. Er hat mir aber so gut geschmeckt, dass ich zuhause so lange herumexperimentiert habe, bis mir der Salat so schmeckte, wie ich ihn in Erinnerung hatte.

Salat mit gebratenem
SPARGEL
UND ZIEGENKÄSE

Zutaten

500 g weißer Spargel
150 g Kirschtomaten
1 Bund Rucola
1 Rolle Ziegenfrischkäse
20 g Pinienkerne
2 EL Sonnenblumenöl
2 EL Kürbiskernöl
2 EL Balsamico

3 EL Olivenöl
1 EL Weißweinessig
Zucker, Salz und Pfeffer

Zubereitung

1. Spargel schälen und schräg in Stücke schneiden, dicke Stangen längs halbieren.

2. Tomaten waschen und vierteln, Rucola waschen und trocken schleudern, Käse in Scheiben schneiden, Pinienkerne grob hacken.

3. Das Sonnenblumenöl in einer Pfanne erhitzen, Spargel zugeben, mit Zucker und Salz würzen und langsam braten, zum Schluss Kürbiskernöl und Balsamessig zugeben.

4. Aus Olivenöl, Weinessig, Salz und Pfeffer eine Vinaigrette rühren und mit Tomaten und Rauke verrühren, auf Tellern anrichten, Spargel und Ziegenkäse darauf anrichten.

5. Pinienkerne in einer beschichteten Pfanne ohne Öl kurz rösten und dann den Salat damit bestreuen.

Mein Tipp: WER DEN GESCHMACK VON ZIEGENKÄSE NICHT MAG, ERSETZT IHN DURCH GEBRATENEN HALLOUMI ODER DURCH FETAKÄSE.

Ich liebe Muffins, denn sie sind ruckzuck zusammengerührt und lassen sich sehr gut vorbereiten. Es gibt unzählige Variationen der kleinen Kuchen. Warum nicht zur Abwechslung einmal herzhafte Muffins backen? Würzige Muffins machen sich sehr gut auf dem Partybuffet oder beim Picknick. Serviert ihr sie mit einer Salatbeilage, gehen sie auch schon mal als Mittagessen durch.

ANTIPASTI-*Muffins*

Zutaten für 12 Stück

80 g Parmesan
100 g eingelegte Artischocken
15 entsteinte grüne oder
   schwarze Oliven
50 g in Öl eingelegte, getrocknete Tomaten
2 Eier (Größe M)
50 ml Olivenöl
75 ml Milch
175 g Mehl 550
1,5 TL Backpulver
½ TL Meersalz
Schwarzer Pfeffer aus der Mühle

Zubereitung

1. Den Ofen auf 200°C vorheizen. Eine 12er-Muffinform fetten.

2. Parmesankäse grob raspeln. Artischocken, Oliven und Tomaten in kleine Stücke schneiden.

3. Eier in eine Rührschüssel geben, Olivenöl und Milch hinzufügen und kurz durchmixen. Mehl und Back-pulver mit Salz und Pfeffer dazu-geben und verrühren. Anschließend den Parmesan und die klein ge-schnittenen Antipasti untermengen.

4. Teig gleichmäßig in den Förmchen verteilen.

5. In der Ofenmitte 22–25 Minuten goldbraun backen.

6. Aus dem Ofen nehmen, wenige Minuten abkühlen lassen und die Muffins aus der Form heben.

Mein Tipp: FÜR DAS PARTYBUFFET ODER GRILLFEST: MOZZARELLA, KIRSCHTOMATEN UND OLIVEN AUF KLEINE HOLZSPIESSE STE-CKEN UND DIE MUFFINS DAMIT VERZIEREN. DIE MUFFINS SCHMECKEN AUCH WARM SEHT GUT.

Eine Charlotte ist immer ein Blickfang auf dem Kuchenbuffet. Gefüllt mit Schokolade, Sahne und leuchtend roten Erdbeeren lockt dieses Törtchen ganz bestimmt den Sommer an.

ERDBEER-
Schoko-Charlotte

Zutaten für eine Springform mit 20 cm Durchmesser

für den Biskuit
3 Eier
3 EL heißes Wasser
80 g Zucker
1 Pk. Vanillezucker
60 g Mehl
60 g Speisestärke
1 TL Backpulver

für die Füllung
150 g weiße Schokolade
4 Blatt Gelatine
50 ml Milch
300 g Joghurt
100 g Sahne
200 g Erdbeeren (150g+50g)

für den Rand
200 g Löffelbiskuits

Zubereitung

1. Den Backofen auf 200°C vorheizen.

2. Die Eier trennen und das Eiweiß steif schlagen. Das Eigelb mit dem Wasser schaumig schlagen. Unter Rühren den Zucker und den Vanillezucker zum Eigelb geben.

3. Das Mehl mit der Speisestärke und dem Backpulver mischen. Die Mehlmischung über die Eier-Zucker-Masse sieben und unterheben. Zum Schluss noch das steif geschlagene Eiweiß vorsichtig unterheben.

4. Den Boden einer Springform mit Backpapier auslegen, den Teig einfüllen und 20–25 Minuten backen.

5. Den Biskuitteig gut abkühlen lassen.

6. Für die Füllung die weiße Schokolade hacken. Die Gelatineblätter kurz in kaltem Wasser einweichen, ausdrücken und in einen Topf geben. Bei niedriger Temperatur langsam auflösen lassen. Dann die Schokolade und Milch dazugeben uns ständig umrühren, bis die Schokolade vollständig geschmolzen ist.

7. Den Topf vom Herd nehmen und den Joghurt nach und nach unterrühren. Die Masse im Kühlschrank etwas gelieren lassen.

—— Fortsetzung Seite 49 ——

8. Den Biskuit aus der Form lösen und auf eine Tortenplatte legen. Einen Tortenring locker um den Biskuitboden stellen. Die Löffelbiskuits zwischen Biskuit und Tortenring stellen.

9. Jetzt die Sahne steif schlagen. Die Erdbeeren waschen. Drei Viertel der Früchte in ganz feine Würfel schneiden. Die restlichen Erdbeeren für Deko beiseitestellen.

10. Die Joghurtmasse aus dem Kühlschrank holen und mit den fein geschnittenen Beeren und der Sahne vermengen. Die Füllung auf dem mit Löffelbiskuits umrandeten Boden verteilen.

11. Die Torte mit den restlichen Erdbeeren garnieren und etwa 4 Stunden im Kühlschrank fest werden lassen.

12. Kurz vor dem Servieren den Tortenring lösen.

Mein Tipp: DIE TORTE SCHMECKT AUCH MIT HIMBEEREN GANZ WUNDERBAR.

Ich freue mich immer, wenn ich im April auf dem Wochenmarkt den ersten Rhabarber entdecke. Wenn der Rhabarber Saison hat, dann ist der Sommer nicht mehr weit … Selbstverständlich freue ich mich nicht nur über den Rhabarber, sondern verarbeite ich ihn auch super gerne.

Rhabarber-
TARTELETTES

Zutaten für 4 Stück

Mürbeteig
150 g Mehl
50 g Zucker
1 Prise Salz
75 g kalte Butter, in Stücken
1 Eigelb (Größe M)

Streusel
60 g Mehl
40 g Zucker
gemahlener Piment
1 TL Bio-Orangenschale, fein
   abgerieben
75 g kalte Butter, in Stücken

Belag
5 Löffelbiskuits
400 g Rhabarber, geputzt, in
   1 cm dicke Stücke geschnitten
50 g Zucker

Zubereitung

1. Für den Teig Mehl, Zucker, Salz, Butter und Eigelb in einer Schüssel mit den Knethaken des Handmixers zu einem glatten Teig verkneten. Teig zu einer Kugel formen und in Klarsichtfolie gewickelt 30 Minuten kalt stellen.

2. Für die Streusel Mehl, Zucker, 1 Prise Piment und die abgeriebene Orangenschale in einer Schüssel mischen. Butter dazugeben, alles zu Streuseln verkneten, kalt stellen.

3. Die Löffelbiskuits in einem Gefrierbeutel mit dem Nudelholz fein zerkleinern.

4. Den Teig in 4 Portionen teilen und nacheinander rund ausrollen. Die Teigscheiben in 4 beschichtete Tartelette-Förmchen mit herausnehmbarem Boden geben, dabei die Ränder andrücken. Erst die Biskuitbrösel, dann den Rhabarber auf den Teig geben, mit Zucker bestreuen und Streusel darauf verteilen.

5. Tartelettes im heißen Ofen bei 200 °C (Umluft 180 °C) im unteren Drittel 30–35 Minuten goldbraun backen.

Mein Tipp: WENN DU DIE ZUTATEN VERDOPPELST, REICHT DIE MENGE FÜR EINE SPRINGFORM MIT Ø 26 CM AUS. WENN DU DEN KUCHEN NICHT GANZ AUSKÜHLEN LÄSST, SCHMECKT EINE KUGEL VANILLEEIS WUNDERBAR DAZU.

Mit Biskuitrollen hatte ich immer meine Probleme, mal war der Teig zu weich, mal ließ er sich nicht rollen. Jetzt habe ich den Dreh raus und es klappt auf Anhieb. Das liegt mit Sicherheit am perfekten Teigrezept – das ich gerne mit euch teile.

ROSAROTE *Biskuitrolle*
MIT CHEESECAKE-HIMBEER-FÜLLUNG

Zutaten

für den Teig
5 Eier
1 Prise Salz
100 g Zucker (70 g + 30 g)
75 g Mehl
30 g Stärke
1 Msp. Backpulver

für die Füllung
250 g Schlagsahne, gekühlt
170 g Frischkäse
60 g Puderzucker
½ Teelöffel Vanilleextrakt
80 g Himbeermarmelade
100 g Himbeeren

für die Deko
100 g Himbeeren
50 g zerbröselte Meringen

Zubereitung

1. Backofen auf 200 °C Ober-/Unter-hitze vorheizen. Backblech mit Back-papier auslegen.

2. Für den Teig die Eier trennen. Das Eiweiß mit Salz steif schlagen, 70 g Zucker einrieseln lassen. Das Eigelb mit dem restlichen Zucker schaumig schlagen, das Eiweiß vorsichtig unterheben. Mehl mit Stärke und Backpulver mischen und vorsichtig unterheben. Auf das Backblech streichen und im heißen Ofen ca. 10 Minuten backen.

3. Ein Küchentuch mit Wasser be-sprühen. Den Biskuit mit Backpapier auf das Küchentuch stürzen. Das Backpapier mit kaltem Wasser bepinseln und dann vorsichtig ab-ziehen. Den Biskuit mit dem Küchen-tuch aufrollen, auskühlen lassen.

4. Für die Füllung Sahne steif schlagen. Frischkäse mit Puderzucker und Vanilleextrakt cremig rühren. 100 g Himbeeren und die ge-schlagene Sahne unterheben.

5. Den Biskuit ausrollen und mit Marmelade und Creme bestreichen. 2 Esslöffel Creme beiseitestellen.

6. Die Biskuitrolle vorsichtig aufrollen.

7. Die restliche Creme außen auf der Biskuitrolle verteilen und mit Meringen und Himbeeren garnieren.

Mein Tipp: DU KANNST DIE ROLLE AUCH MIT ERDBEEREN, BROMBEEREN ODER MIT EINER EINFACHEN ZITRONENCREME FULLEN.

Dieser Streifen-Smoothie ist der Hit, er vereint die Spritzigkeit der Himbeeren mit der Süße der Banane und der Cremigkeit des Joghurts. Dieser Smoothie ist so lecker, er ersetzt locker das Kuchenstück am Nachmittag.

Smoothie IM STREIFENLOOK

Zutaten für 4 große Gläser

2 Bananen, in Scheiben
   geschnitten und tiefgefroren
300 g gefrorene Himbeeren
6 TL Ahornsirup (2+2+2)
3 TL Vanillezucker (1+1+1)
400 g griechischer Joghurt
   (10% Fett) (200+200)
Früchte und Minzeblättchen
   zur Deko

Zubereitung

1. Bananen, Himbeeren, 2 Teelöffel Ahornsirup und 1 Teelöffel Vanillezucker im Mixer gut vermixen. So viel von der Mischung in die Gläser geben, dass diese zu einem Drittel gefüllt sind.

2. 200 g griechischen Joghurt, 2 Teelöffel Ahornsirup und 1 Teelöffel Vanillezucker zur restlichen Smoothiemasse in den Mixer geben und nochmals gut durchmixen. Vorsichtig so viel von dieser helleren Mischung in die Gläser geben, dass diese nun zu zwei Dritteln gefüllt sind.

3. Mixer ausspülen. Nochmals 200 g griechischen Joghurt, 2 Teelöffel Ahornsirup und 1 Teelöffel Vanillezucker in den Mixer geben und gut vermixen. Mit der weißen Joghurtschicht nun die Gläser auffüllen.

4. Mit Früchten und Minze garnieren und mit einem Strohhalm servieren.

Mein Tipp: WER KALORIEN SPAREN WILL, NIMMT EINFACH EINEN „SCHLANKEREN" JOGHURT. ALLERDINGS IST DER SMOOTHIE DANN NICHT MEHR SO CREMIG.

Würzige Kräuter

DUFTEN UND SCHMECKEN NICHT NUR LECKER, SIE EIGNEN SICH AUCH PRIMA ZUM DEKORIEREN.

Hier zeige ich euch, wie ihr mit einer Handvoll frischer Kräuter und etwas Draht hübsche kleine Serviettenringe binden könnt. Für die Kränze eignen sich Thymian, Rosmarin, Fenchel und Steinklee besonders gut. Sie lassen sich leicht um den Blumendraht legen und brechen nicht ab.

Kräuterkränze als Serviettenring
EIN DUFTE DIY

Ihr braucht
- Frische Kräuter und kleine Blumen
- Blumendraht in zwei Stärken
- Textilband

1
So wird es gemacht
Zuerst vom dickeren Blumendraht ein etwa 12 cm langes Stück abschneiden.

Nun an beiden Enden des Drahtstücks kleine Schlaufen formen. **2**

Jetzt werden die Kräuter und Blüten zu kleinen Bündeln zusammengefasst und nacheinander mit dem dünneren Draht um das Kranzgerüst gebunden.

 3

4

Wenn der Draht komplett bedeckt ist, wird er zum Kranz gebogen.

5

Vom Schleifenband zwei etwa 10 cm lange Stücke abschneiden und jeweils durch eine Drahtschleife ziehen.

Mit dem Schleifenband den Kranz schließen. Die Bänder zur Schleife binden oder einfach so hängen lassen.

 6

Mein Tipp: DIE KRÄUTERKRÄNZE LASSEN SICH NICHT NUR ALS TISCHSCHMUCK VERWENDEN. ICH DEKORIERE AUCH GERNE MEINE SCHRÄNKE DAMIT. NACH DERSELBEN ANLEITUNG KÖNNT IHR EUCH AUCH EINEN KRÄUTERKRANZ FÜRS HAAR BINDEN, DAFÜR NUR DEN DICKEREN BLUMENDRAHT IN DER LÄNGE ANPASSEN.

AUS BETON LASSEN SICH GANZ SCHNELL

dekorative Pflanzgefäße

FÜR HAUS UND GARTEN HERSTELLEN.

Beton ist ein toller Werkstoff, ihr kommt mit wenigen Schritten zu richtig tollen Ergebnissen.

Pflanzgefäße
AUS BETON

Ihr braucht

- Fertigzementmischung (2,5-kg-Tüte zum Anrühren aus dem Baumarkt, Bastelbeton ist feiner, aber deutlich teurer)
- Chips- oder Müslirollen
- Joghurtbecher
- Moosgummibuchstaben, Spitzendeckchen, Schnur
- Doppelseitiges Klebeband
- Neutrales Speiseöl, z.B. Sonnenblumenöl

1 **So wird es gemacht**
Zuerst die Chipsrollen gut ausreiben und dann auf die gewünschte Länge kürzen.

Aus dem doppelseitigen Klebeband Streifen abschneiden,
ungefähr so lang und so breit,
wie später das Muster auf dem
Pflanzgefäß werden soll.

 Jetzt kannst du die Moosgummibuchstaben (spiegelverkehrt), die Spitzendeckchen und Ornamente aus Schnur
auf die Klebestreifen drücken.

Die beklebten
Streifen von innen
an die Dosenwand
kleben. Die Dosen
innen gut ölen.

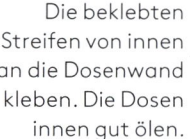

Beton nach Packungsanweisung an-
mischen und vorsichtig in die vorbereiteten Rollen füllen. Die Rollen nicht ganz bis
zum Rand füllen.

Jetzt die Außenseite der
Joghurtbecher ölen und
diese dann mittig in den
Beton drücken.

 Das Ganze dann mit Klebeband oder Steinen fixieren.
Alles ca. 2 Tage durchtrocknen lassen.

Jetzt können die Übertöpfe einfach aus den
Chipsrollen geschält werden. Moosgummi-
Buchstaben, Schnur und Spitze vom Übertopf
lösen. Joghurtbecher entfernen.

Mein Tipp: WENN DU DIE ÜBERTÖPFE ALS BLUMENVASE VERWENDEN
MÖCHTEST, LÄSST DU DEN JOGHURTBECHER EINFACH STECKEN. BETON IST
NICHT GANZ DICHT, ER IST IMMER EIN WENIG WASSERDURCHLÄSSIG.

Sommer

Sommer ist, wenn man beim Frühstück schon an Eis denkt, wenn man das Mittagessen am liebsten auf einer grünen Wiese verspeist und sich dann wünscht, bis zum Cocktail am Abend in der Sonne liegen bleiben zu können – leider entspricht das nicht so ganz der Realität. Nichtsdestotrotz ist der Sommer für mich eine herrliche Jahreszeit.

Gibt es eigentlich etwas Schöneres als einen Sommergarten? Reife Beeren, duftende Kräuter und blühende Staudenbeete. Zu meinen Gartenlieblingen gehören Rosen, Lavendel, Akeleien und Frauenmantel. Daraus binde ich mir oft ein kleines Sträußchen für das Haus. Obwohl wir die meiste Zeit im Garten verbringen, mag ich innen nicht ohne frische Blumen sein.

Wann immer es nur geht, essen wir im Freien. Meine Sommerküche ist leicht und unkompliziert. Die Auswahl an frischen Zutaten ist im Sommer riesengroß, und ich lasse mich auf dem Wochenmarkt gerne inspirieren. Es kommt schon mal vor, dass ich über ein besonders schönes Angebot spontan meine Einkaufsliste beiseitelasse und mit völlig anderem Obst und Gemüse heimkomme als geplant. Rucola, Tomaten und frisch eingelegte Oliven wandern aber immer in den Korb.

Kaum ist es Juli, werde ich schon ganz ungeduldig und kann es kaum noch abwarten, bis unsere eigenen Beeren reif sind. Die Himbeer- und Johannisbeersträucher in unserem Garten tragen meist üppig. Ich finde es wunderbar, die Beeren sonnenwarm zu ernten und zu Marmelade, Kuchen und Desserts zu verarbeiten.

Im Sommer verwende ich gerne mediterrane Kräuter wie Thymian, Oregano und Rosmarin, die in großen Tontöpfen auf meiner Terrasse gedeihen. Aus diesen Kräutern binde ich auch gerne kleine Sträußchen, die ich zum Trocknen aufhänge und nach dem Trocknen in Gewürzgläser abfülle. So habe ich auch in den Wintermonaten das herrliche Sommeraroma auf dem Teller.

Die meisten Gerichte in diesem Kapitel eignen sich ideal zum Mitnehmen. Egal ob zur Arbeit oder noch viel besser zum Picknick, zum Baggersee oder als Beilage für einen Grillabend. Sie sind ein Gruß an den Sommer, an die Aromen, an die Kräuter und an die Blumen.

Diese kleinen Pastetchen dürfen bei uns auf keiner Gartenparty fehlen. Kaum sind sie aufgetischt, schon sind sie auch schon wieder verputzt. Meist bereite ich die doppelte oder gar die dreifache Menge zu, damit alle etwas abbekommen. Unter der Woche gibt es sie bei uns auch gerne als schnelles Mittagessen zu einem kleinen Salat. Filoteig, der im Türkischem auch Yufka genannt wird, ist nach dem Backen wunderbar knusprig.

FILOTEIG-*Pastetchen*

Zutaten für 12 Stück

1 Rolle (250 g) Filo- oder Yufka-
  teig (Kühlregal)
400 g Schafskäse
400 g Schmand oder Crème
  Fraîche
frisch gemahlener Pfeffer
12 Kirschtomaten
4 EL Butter, zerlassen
6 Stiele frischer Thymian

Zubereitung

1. Den Teig aus dem Kühlschrank nehmen und einige Minuten ruhen lassen.

2. Inzwischen den Schafskäse zerbröckeln und mit dem Schmand leicht verrühren. Mit Pfeffer abschmecken. Die Tomaten waschen und halbieren.

3. Ofen auf 175 °C Umluft vorheizen.

4. Butter schmelzen und die Mulden eines Muffinblechs damit ausstreichen.

5. Teigblätter aus der Packung nehmen, jeweils 3 aufeinanderlegen.

6. Die Teigblätter längs und quer halbieren, sodass 4 Quadrate entstehen.

7. Alle dünn mit der flüssigen Butter bepinseln. In die 6 gefetteten Mulden je 3 Teigquadrate versetzt aufeinanderlegen.

8. Die Schafskäsecreme und die Tomaten gleichmäßig darin verteilen. Im heißen Ofen auf unterster Schiene 15–20 Minuten backen.

9. Mit Thymian und frisch gemahlenem Pfeffer bestreuen.

Mein Tipp: DIE PASTETEN LASSEN SICH AUCH MIT BLÄTTERTEIG ODER MÜRBETEIG ZUBEREITEN. SIE SCHMECKEN WARM UND KALT. WER NICHT ALLE PASTETCHEN BENÖTIGT, KANN SIE AUCH GUT EINFRIEREN. NACH DEM AUFTAUEN GANZ KURZ IN DEN HEISSEN OFEN GESCHOBEN SCHMECKEN SIE WIE FRISCH GEBACKEN.

Von Erdbeeren kann ich eigentlich gar nicht genug bekommen! Und wenn es richtig schön warm ist und die Sonne scheint, dürfen die Erdbeeren gerne gefroren sein. Am liebsten mag ich sie dann als Erdbeer-Quark-Popsicles oder einfach auf Deutsch: Eis am Stiel aus Erdbeer-Quark!

ERDBEER-QUARK-*Popsicles*

Zutaten für 8 Stück

250 g Erdbeeren
250 g Quark
50 ml Sahne
2 EL Ahornsirup
1 ausgekratzte Vanilleschote

Zubereitung

1. Die Erdbeeren waschen, Strunk entfernen und die Früchte gut abtrocknen.

2. Die Erdbeeren fein pürieren.

3. Quark, Sahne, Ahornsirup und das Mark der Vanilleschote gut vermischen.

4. 8 Eisförmchen zur Hälfte mit dem Sahnequark füllen.

5. Das Erdbeerpüree vorsichtig oben aufgießen.

6. Mit einem Holzstäbchen etwas verrühren, so dass die Masse leicht marmoriert ausschaut.

7. Eisstiele ins Eis stecken.

8. Über Nacht im Eisfach gefrieren lassen.

Mein Tipp: PROBIERT DAS REZEPT AUCH MIT ANDEREN FRÜCHTEN ODER MIT HONIG AUS.

French Toast kenne ich schon von Kindertagen an. Was habe ich mich immer gefreut, wenn es „Armer Ritter" gab. Süß und buttrig, so mag ich den gebackenen Toast immer noch gerne, allerdings liebe ich auch die herzhafte Variante. Würzig belegt und mit Salatbeilage ist er ein schnelles Mittagessen. French Toast schmeckt auch kalt lecker und ist die ideale Begleitung zu einem Picknick im Grünen.

FRENCH TOAST
mit Oliventapenade

Zutaten für 4 Stück

50 g Pinienkerne
150 g Schwarze Oliven, ohne
   Stein
7 EL Olivenöl (5+2)
2 Tomaten
1 Prise Meersalz
8 Scheiben Toastbrot (4+4)
4 Scheiben Bergkäse
2 Eier
etwas Milch
Öl zum Ausbacken

Zubereitung

1. Für die Oliventapenade die Pinienkerne im Mixer gut vermahlen. Die entsteinten Oliven und 5 EL Olivenöl hinzufügen. Alles zu einer homogenen Masse verarbeiten.

2. Für den French Toast die Tomaten in Scheiben schneiden. 4 Toastscheiben mit Tomaten belegen und mit Meersalz bestreuen, die restlichen 4 Scheiben mit der Oliventapenade bestreichen.

3. Käse auf die Tapenade legen. Je eine mit Tomaten belegte und eine mit Tapenade bestrichene Scheibe zusammenklappen.

4. Eier und Milch in einem tiefen Teller verquirlen.

5. Die Toastscheiben in der Eier-Milch wenden, in einer Pfanne im restlichen Öl herausbacken.

Mein Tipp: WER MÖCHTE, ERWEITERT DIE FÜLLUNG UM EINE SCHICHT SCHINKEN. DER FRENCH-TOAST KANN GUT TIEFGEKÜHLT WERDEN: EINFACH VOR DEM ANBRATEN GUT IN EINE FOLIE EINWICKELN UND BEI BEDARF FRISCH HERAUSBACKEN.

Sommerzeit ist Limozeit. Aber sie muss selbstgemacht sein. Ich mag es, wenn meine Limo natürlich und nicht so süß schmeckt. Hier darf ich euch mein Lieblingsrezept für selbstgemachte Limonade vorstellen. Falls ihr noch nie eine eigene Limonade hergestellt habt, solltet ihr das unbedingt ausprobieren. Homemade Limonade ist wahnsinnig lecker, fruchtig und erfrischend. Ihr benötigt nur wenige Zutaten, und sie ist in der Regel blitzschnell zubereitet.

Himbeer-Limonade
MIT MINZE

Zutaten für ca. 1,8 Liter

340 g frische Himbeeren
200 ml Wasser
100 g Honig oder Agaven-
   dicksaft
240 ml Zitronensaft
1 Liter eisgekühltes Mineralwasser mit Kohlensäure
Ca. 12 Eiswürfel
4 Zitronenscheiben
frische Minzblätter

Zubereitung

1. Die Himbeeren waschen und mit einem Stabmixer fein pürieren. Das Himbeerpüree durch einen Sieb streichen.

2. Das Wasser mit dem Honig gut verrühren.

3. Das Himbeerpüree, den Zitronensaft und die Honig-Wasser-Mischung in eine Karaffe füllen, mit sprudelndem Mineralwasser aufgießen und vorsichtig verrühren.

4. Die Eiswürfel, Zitronenscheiben und die Minzeblätter auf 4 große Gläser verteilen und mit der Limonade aufgießen.

Mein Tipp: WER DEN HONIGGESCHMACK IN DER LIMONADE NICHT MAG, KANN AUCH PUDERZUCKER VERWENDEN. SEID BEIM SÜSSEN LIEBER VORSICHTIG UND SÜSST BEI BEDARF NOCH ETWAS NACH.

Morgens esse ich sehr gerne ein Granola mit Joghurt und frischen Früchten. Granola ist eine Müslivariante, die dank guter Inhaltsstoffe und dem Verzicht auf Kristallzucker nicht nur lecker schmeckt, sondern auch gesund ist. Ich schichte mir vor der Arbeit gerne meine Granola-Joghurt-Früchte-Mischung in ein Schraubglas und löffle es dann im Büro aus. So ein lecker geschichtetes Knuspergranola schmeckt aber nicht nur zum Frühstück. Ich serviere es auch gerne zum Nachmittagskaffee im Garten oder auch als Zwischenmahlzeit für unterwegs.
Da mir die fertig gekauften Granolas nicht wirklich schmecken, bereite ich mir meine Mischung gerne selber zu.

Homemade-Granola
MIT JOGHURT

Zutaten

350 g kernige Haferflocken
50 g Mandelblättchen
100 g grob gehackte Walnüsse
50 g Kokosflocken
20 g Sesamsamen
20 g Chiasamen
2 TL Zimt
180 g flüssigen Honig
6 EL Öl
50 g getrocknete Cranberries
50 g getrocknete Aprikosen
50 g getrocknete Apfelringe
250 g Joghurt
150 g Beeren

Zubereitung

1. Für das Granola Haferflocken, Mandeln, Nüsse und Samen in einer großen Schüssel vermischen.

2. Zimt, Öl und Honig verrühren und über die Haferflockenmischung geben. Alles sehr gut vermengen.

3. Die Mischung auf einem mit Backpapier ausgelegten Backblech flach ausbreiten, und bei ca. 180 °C (Ober- und Unterhitze) ca. 20 Minuten backen.

4. Das Granola alle 5 Minuten wenden.

5. Nach dem Backen gut auskühlen lassen.

6. Die Trockenfrüchte in kleine Würfel schneiden und mit dem ausgekühlten Granola mischen.

7. Joghurt, Beeren und Granola abwechselnd in 4 Gläser oder Müslibowls schichten.

Mein Tipp: DIE ÜBRIGE GRANOLAMISCHUNG IN EIN VORRATSGLAS FÜLLEN. SIE IST ETWA 4 WOCHEN HALTBAR.

Für mich muss ein Nudelsalat immer schön saftig sein, die Nudeln dürfen aber gerne noch etwas Biss haben. Ich mag Nudelsalat eigentlich in allen Variationen, auch ganz klassisch mit Mayo. Wenn die Temperaturen steigen oder ich den Nudelsalat für ein Buffet oder ein Picknick zubereite, entscheide ich mich aber meist für die mediterrane Variante, ganz frei von Mayo & Co. Der mediterrane Nudelsalat mit frischen Tomaten, Rucola und Parmesan, einfach lecker, hmmm …

MEDITERRANER
Nudelsalat

Zutaten

250 g Penne
1 Knoblauchzehe
1 EL Senf
6 EL Weißweinessig
2 EL Honig
8 EL Olivenöl
1 EL grüner, eingelegter Pfeffer
    aus dem Glas
1 EL vom Sud des grünen Pfeffers
Salz
Pfeffer aus der Mühle
250 g Kirschtomaten
100 g italienische Fenchelsalami
1 Bund Rucola
80 g Parmesan

Zubereitung

1. Nudeln al dente kochen. Nudelwasser abgießen

2. Knoblauch fein hacken und mit Senf, Essig, Honig, Öl, grünem Pfeffer und dem Pfeffersud verrühren. Mit Salz und frisch gemahlenem Pfeffer würzen.

3. Nudeln abgießen und heiß mit der Vinaigrette vermischen. Abkühlen lassen.

4. Die Kirschtomaten halbieren und die Salami in feine Streifen schneiden.

5. Die noch warmen Nudeln mit Salami und Tomaten vermischen.

6. Kurz vor dem Servieren den Rucola unterheben und den Parmesan über den Salat hobeln.

Mein Tipp: WER KEINE FENCHELSALAMI BEKOMMT, KANN AUCH EINE ANDERE ITALIENISCHE SALAMI IN DEN SALAT SCHNEIDEN. WENN DIE SALAMI GANZ WEGGELASSEN WIRD, EMPFEHLE ICH NOCH EIN PAAR GRÜNE OLIVEN UNTERZUMISCHEN.

Am Wochenende genießen wir die sommerlichen Abende meist auf unserer Terrasse. Die blaue Stunde läute ich gerne mit einem herrlich erfrischenden und prickelnden Drink ein. Es muss nicht immer ein alkoholischer Sundowner sein, wenn aber doch, gehören für mich Gin, Gurken und eine Wagenladung Eis mit ins Glas. Mein Munich Mule ist spritzig, erfrischend, nicht zu süß und in maximal 5 Minuten gemixt.

MUNICH *Mule*

Zutaten

5 cl Gin
2 cl frisch gepressten Limettensaft
3–4 dünne Gurkenscheibchen
12–15 cl Ginger Beer

Zubereitung

1. Den Gin und den Limettensaft in ein mit Eis gefülltes Glas schütten, kurz umrühren.
2. Gurkenscheiben dazugeben und den Cocktail mit Ginger Beer auffüllen.
3. Mit einem Gurkenscheibchen oder einer Limettenspalte garnieren.

Mein Tipp: WER EINEN ÄHNLICHEN GE-
SCHMACK ALKOHOLFREI WILL, KOMBINIERT
GINGER BEER MIT VIEL EIS IM GLAS, DAZU
ETWAS FRISCHEN LIMETTENSAFT UND ET-
WAS LIMETTENABRIEB.

Zu Gartenparty oder Picknick gehört für mich selbstgebackenes, duftendes Brot einfach dazu. Wenn es dann noch so würzig gefüllt ist wie dieses Zupfbrot – umso besser. Ihr müsst zu einem Zupfbrot nicht einmal ein Messer dazulegen. Wer mag, zupft sich – wie der Name schon sagt – einfach eine Scheibe ab.

Pesto-ZUPFBROT

Zutaten

500 g Mehl
1 Tl Salz
1 Tütchen Trockenhefe
2 EL Olivenöl
190 ml lauwarmes Wasser
150 g grünes oder rotes Pesto

Zubereitung

1. Mehl, Salz und Trockenhefe gut mischen. Olivenöl und lauwarmes Wasser dazugeben und zu einem geschmeidigen Teig verkneten.

2. Den Teig mit einem frischen Geschirrtuch bedecken und eine Stunde gehen lassen.

3. Eine Kastenform buttern oder mit Backpapier auslegen.

4. Nach der Gehzeit den Teig rechteckig ausrollen und mit Pesto bestreichen.

5. Den Teig in viele kleine Vierecke schneiden, so dass sie sich gut aufrecht hintereinander in die Kastenform schichten lassen.

6. In der Form noch einmal etwa 15 Minuten gehen lassen. In dieser Zeit den Ofen auf 175° C vorheizen.

7. Das Brot 25 Minuten backen. Es sollte goldbraun aussehen.

Mein Tipp: STATT MIT PESTO KANN DER TEIG AUCH MIT KRÄUTERBUTTER ODER OLIVENTAPENADE (SIEHE FRENCH TOAST S.70) BESTRICHEN WERDEN.

Fröhliche Feste mit Freunden sind genau mein Ding. Damit alles ganz locker und unkompliziert ist, bereite ich gerne Fingerfood zu. Da wir einige Vegetarier im Familien- und Freundeskreis haben, bereite ich die kleinen Häppchen gerne fleischlos zu. Die Blätterteigröllchen sind klein, aber oho. Sie schmecken nicht nur gut, sondern lassen sich auch schnell zubereiten und sind ganz easy aus der Hand zu essen.

BLÄTTERTEIG-RÖLLCHEN *mit Feta*

Zutaten

1 Pk Blätterteig
1 Ei zum Bestreichen
1 Tomate
4 frische Stiele Thymian
200 g Fetakäse
1 EL Honig

Zubereitung

1. Den Blätterteig in 8 gleich große Stücke schneiden.

2. Das Ei etwas verquirlen und die Teigränder damit bestreichen.

3. Die Tomate waschen und in kleine Stückchen schneiden. Den Thymian abzupfen.

4. Den Schafkäse mit Tomatenstückchen, Thymian und Honig vermengen und gleichmäßig auf der breiten Seite der Teigstücke verteilen.

5. Die Teigstücke von der breiten Seite aus zigarrenförmig einrollen und die Enden gut zusammendrücken.

6. Die Teigröllchen auf ein mit Backpapier ausgelegtes Backblech legen, mit Ei bestreichen und bei 200 °C ca. 15 Minuten backen.

Mein Tipp: ERSETZT DEN FETA EINFACH MIT ZIEGENFRISCHKÄSE. MIT ANDEREN KRÄUTERN, WIE Z.B. MINZE LASSEN SICH DIE RÖLLCHEN WUNDERBAR VARIIEREN. SIE SCHMECKEN KALT ODER WARM.

Süß, fruchtig und säuerlich – die Kombination aus Beeren, Baiser und Rührteig macht die Johannisbeermuffins zu einem meiner liebsten Sommerkuchen. Die süßen Muffins sind wohl die leckerste Art, Johannisbeeren zu essen.

JOHANNISBEER-BAISER-*Muffin*

Zutaten für 12 Stück

300 g Rote Johannisbeeren
200 g Mehl
2 TL Backpulver
50 g gemahlene Mandeln
4 Eier (3+1)
Salz
250 g Zucker (100 + 100 +50)
100 g weiche Butter
200 g saure Sahne
Saft einer halben Zitrone
12 Papierförmchen fürs Muffinblech

Zubereitung

1. Den Backofen auf 180 °C Umluft vorheizen. Papierförmchen in die Vertiefungen des Muffinblechs setzen.

2. Johannisbeeren waschen, abtropfen lassen und die Beeren mit einer Gabel von den Rispen streifen. 12 Rispen beiseitelegen.

3. Mehl, Backpulver und Mandeln mischen. 3 Eier trennen und ihr Eiweiß mit 1 Prise Salz steif schlagen. Dabei nach und nach noch 100 g Zucker dazu rieseln lassen und alles zu einer weiß glänzenden Baisermasse aufschlagen.

4. Die Butter in Stücke schneiden und mit den Schneebesen des Handrührgeräts cremig rühren, dabei 100 g Zucker nach und nach dazugeben. Nacheinander das letzte Ei und das übrige Eigelb gründlich unterrühren. Erst die saure Sahne, dann die Mehl-Mandel-Mischung dazugeben und beides kurz vermischen.

5. Zuletzt die Beeren vorsichtig unterheben.

6. Den Teig in die Förmchen geben und die Muffins im Ofen ca. 15 Minuten backen. Die Muffins herausnehmen und die Baisermasse mit einem Spritzbeutel darauf verteilen.

7. Die Muffins weitere 10–15 Minuten backen, dann aus dem Ofen nehmen, kurz abkühlen lassen, aus den Mulden lösen und vollständig abkühlen lassen.

8. Die beiseitegestellten Johannisbeerrispen mit Zitronensaft beträufeln. 50 g Zucker in einen Teller geben und die beträufelten Beeren vorsichtig im Zucker wälzen.

Mein Tipp: WER STATT MUFFINS LIEBER EINEN KUCHEN BACKT, KANN DIE TEIGMASSE IN EINE 26ER-SPRINGFORM GEBEN. DANN ERHÖHT SICH DIE BACKZEIT FÜR DEN RÜHRKUCHEN AUF 30 MINUTEN. FÜR DIE BAISERMASSE BLEIBT DIE BACKZEIT GLEICH.

IM LETZTEN SOMMER WAR ICH ZU EINEM
Mitsommerfest
EINGELADEN.

Dort gab es nicht nur leckeres Essen, sondern die Gäste durften sich auch kreativ austoben. Mitten im Garten stand ein Tisch, auf dem die Bastelmaterialien auslagen und wir Gäste uns nach Herzenslust bedienen durften. Das Verzieren von großen Kieselsteinen hat mir besonders viel Freude gemacht — und ich freue mich sehr, dass ich euch diese Idee hier zeigen darf.

Floral verzierte KIESELSTEINE

Ihr braucht

- Kieselsteine
- Gepresste Blüten und Blätter (etwa eine Woche zwischen Zeitungsseiten unter einem dicken Buch)
- Decoupage-Kleber & Lack
- Pinsel

 **1** **So wird es gemacht**
Zuerst wird der Stein etwas mit dem Decoupage-Kleber eingepinselt.

Legt die Blüten oder Blätter auf die Klebefläche – das muss rasch gehen, der Kleber trocknet sehr schnell. **2**

 3 Etwas andrücken und dann nochmals eine Schicht Kleber auftragen.

Mein Tipp: ICH HABE MIT KLEBER GEARBEITET, DEN MAN AUCH FÜR DIE SERVIETTENTECHNIK VERWENDET. DIE VERZIERTEN STEINE NEHME ICH GERNE ALS TISCHSCHMUCK, SIE SEHEN AUCH AUF EINEM SCHLICHTEN TABLETT MIT KERZEN HÜBSCH AUS. AN ETWAS WINDIGEREN TAGEN FIXIERE ICH DIE SERVIETTEN AUF DEM GEDECKTEN TISCH DAMIT.

Herrlich,

WENN ES AM ABEND NOCH WARM GENUG IST, UM AUF DER TERRASSE ODER IM GARTEN ZU SITZEN.

Wenn nur die lästigen Mücken nicht wären! Kaum dämmert es, schwirren sie in Scharen über unseren Köpfen und stechen oft auch ganz schön fies. Mit einem selbstgemachten Anti-Mücken-Windlicht habt ihr nicht nur einen duften Mückenschutz, sondern gleichzeitig eine wunderschöne, sommerliche Tischdeko.

ANTI-MÜCKEN-
Windlicht

Ihr braucht

- ein Glas, Vase oder Windlicht
- Wasser
- 2 weiße Schwimmkerzen
- 3 Zitronenscheiben
- 3 Orangenscheiben
- einige Zweige frischer Rosmarin
- einige Zweige frischer Thymian
- ca. 20 Tropfen ätherisches Zitronengras-Öl

1 **So wird's gemacht**
Zuerst die Zitronen- und Orangenscheiben im Wechsel mit den Kräutern in das Glas schichten.

2 Zitronengras-Öl hineinträufeln und mit Wasser auffüllen.

3 Jetzt die Schwimmkerzen auf der Wasseroberfläche platzieren.

OHNE DIE LÄSTIGEN PLAGE-GEISTER KANN MAN DEN ABEND BEI KERZENSCHEIN GANZ GE-MÜTLICH AUSKLINGEN LASSEN.

Herbst

Die Temperaturen sinken, die Tage werden kürzer und das Licht wird wärmer. Gerade im frühen Herbst hält die Natur die schönsten Farben für uns bereit.

Schon als Kind faszinierte mich die Farbenpracht der Blätter. Was für ein tolles Gefühl es doch war, durch raschelndes Laub zu stapfen und mit Freunden eine Laubschlacht auszufechten! Auch wenn ich heute nicht mehr wild mit Blättern um mich werfe, hat das bunt gefärbte Herbstlaub seine Anziehungskraft nicht verloren. Bei Spaziergängen halte ich immer Ausschau nach schönen Blättern, Kastanien, Zweigen und anderen Schätzen der Natur, um sie dann zuhause hübsch zu dekorieren. Die herbstlichen Farben vereinen gute Laune und Gemütlichkeit gleichermaßen.

Auch kulinarisch hat der Herbst einiges zu bieten. Die Natur verwöhnt uns in dieser Zeit mit herrlichen Köstlichkeiten. Kürbisse, Hagebutten, Streuobst und die letzten Beeren lassen mir das Wasser im Mund zusammenlaufen. Wie gut tut es, nach einem langen Spaziergang in der kühlen Herbstluft sich mit einer dampfenden Gemüsesuppe aufzuwärmen. Suppen esse ich das ganze Jahr über gerne, aber im Herbst schmecken sie mir besonders gut. Eine heiße Suppe wärmt nicht nur den Körper, sondern auch das Gemüt.

Herbstzeit ist auch Apfelzeit: Zeit für die Apfelernte und vielleicht auch für ein Apfelfest, mit Apfelcrumble, Apfelkuchen und anderen Köstlichkeiten aus der rotbackigen Frucht.

Mit dem Herbst ziehen bei uns nicht nur Kerzen und Decken im Haus und auf der Terrasse ein, jetzt ist auch die Zeit für heiße Getränke gekommen. Mit einem heißen Apfel-Cidre im Becher und eingemummelt in eine warme Decke kann man auch an etwas kühleren Herbstabenden hyggelig bei Kerzenschein auf der Terrasse oder im Garten sitzen.

Heißer APFEL-CIDRE

Zutaten für 4 Becher

25 g frischer Ingwer
4 Kardamomkapseln
50 g weißer Kandis
600 ml Apfelsaft
2 Zitronen (davon der Saft)
1 säuerlicher Apfel
600 ml Cidre

Zubereitung

1. Den Ingwer schälen und in ganz feine Stücke schneiden. Die Kardamomkapseln leicht zerdrücken. Beides mit dem Kandiszucker, dem Apfel- und Zitronensaft erhitzen. Immer wieder umrühren, bis sich der Kandis vollständig aufgelöst hat. Den gewürzten Apfelsaft etwa 10 Minuten ziehen lassen.

2. Den Apfel waschen und vierteln, das Kernhaus entfernen und die Viertel mit der Schale in feine Stücke schneiden.

3. Die Apfelstückchen mit dem Cidre zum Apfelsaft geben und nochmals kurz erhitzen.

4. Heiß servieren.

Mein Tipp: FÜR KINDER EINFACH DEN CIDRE WEGLASSEN UND DIE APFELSAFT-MENGE VERDOPPELN.

Suppen im Herbst sind ein richtiger Gaumenschmeichler. Wenn die Herbststürme ums Haus wehen, ist es an der Zeit, Deftiges aufzutischen. So eine sämige Suppe wärmt von innen und ist zudem voller Vitamine und Mineralstoffe, um auch bei nasskaltem Wetter gesund zu bleiben.

WÄRMENDE KARTOFFEL-
Wirsing Suppe

Zutaten

8 Scheiben geräucherter Speck
1 dicke Stange Lauch
1 Stange Staudensellerie
600 g mehlig kochende
   Kartoffeln
2 EL Olivenöl
1¼ l Gemüsebrühe
Salz
frisch geriebene Muskatnuss
600 g Wirsing
frischer Pfeffer aus der Mühle

Zubereitung

1. Den Speck in einer Pfanne knusprig anbraten.

2. Den Lauch putzen, waschen, in feine Ringe schneiden. Sellerie putzen, waschen und in feine Scheiben schneiden. Kartoffeln schälen, waschen und würfeln.

3. Speck aus der Pfanne nehmen.

4. Porree, Staudensellerie und Kartoffeln im Olivenöl etwa 10 Minuten andünsten. Mit der Brühe ablöschen, aufkochen und ca. 15 Minuten im geschlossenen Topf köcheln. Mit Salz und Muskat würzen.

5. Wirsing putzen, waschen, den Strunk entfernen. Die Blätter in feine Streifen schneiden, zur Suppe geben, aufkochen und weitere ca. 12 Minuten garen.

6. Mit Salz und Pfeffer abschmecken.

7. Suppe anrichten und Speck darüber geben.

Mein Tipp: WER ES NOCH ETWAS FEINER MAG, PÜRIERT DIE SUPPE UND GIBT NOCH ETWAS SAHNE DAZU. EINE SCHEIBE VOLL-KORNBROT PASST GUT DAZU.

Man sollte meinen, dass es nichts Besonderes ist, einen Teigfladen mit Äpfeln und Zwiebeln zu belegen – doch weit gefehlt! So ein Flammkuchen ist ein herrlich herbstliches Gericht. Würzig, saftig und toll im Geschmack. Genau das Richtige, um sich nach der Apfelernte zu stärken.

Herbst-Flammkuchen
MIT APFEL UND SPECK

Zutaten (für 4 kleine Flammkuchen)

20 g Hefe
1 TL Zucker
250 g Mehl
7 EL Olivenöl
1 Prise Salz
2 Äpfel
2 Zwiebeln
250 g Crème fraîche
2 EL Milch
frischer Thymian
200 g Speckwürfel
Pfeffer

Zubereitung

1. Hefe, Zucker und 150 ml lauwarmes Wasser schnell verrühren. Dann Mehl, 3 EL Olivenöl und Salz hinzufügen. Alles mit dem Knethaken des Handrührers zu einem glatten Teig verkneten.

2. Die Teigschüssel gut mit zwei Geschirrtüchern abdecken und den Teig an einem warmen, zugfreien Ort ca. 45 Minuten lang ruhen lassen.

3. Den Ofen auf 220°C Ober- und Unterhitze vorheizen.

4. Zwiebeln in Ringe und Äpfel in feine Spalten schneiden.

5. Crème fraîche mit Milch und Thymian anrühren, leicht salzen und pfeffern.

6. Den Teig vierteln und jeweils ganz flach auf einer leicht bemehlten Fläche ausrollen.

7. Die Teigfladen dann mit Crème fraîche bestreichen und mit Äpfeln, Zwiebeln und Speckwürfeln belegen. Zum Schluß pfeffern, mit dem restlichen Öl beträufeln und für ca. 15 Minuten auf unterster Schiene in den Ofen schieben.

Mein Tipp: WENN ICH FÜR GÄSTE KLEINE FLAMMKUCHEN BACKE, LASSE ICH DEN TEIG DURCH MEINE NUDELMASCHINE, SO GEHT DAS AUSROLLEN ECHT FLOTT.
WER AUF DEN SPECK VERZICHTEN MÖCHTE, KANN IHN EINFACH WEGLASSEN ODER DURCH EINE ROLLE ZIEGENKÄSE IN SCHEIBEN ERSETZEN.

Dieser Herbstsalat ist einer meiner Lieblingssalate. Er ist für mich die perfekte Mischung aus Ofengemüse und Salat. Es ist super vorzubereiten und schmeckt wirklich großartig. Ihr könnt an Gemüse alles verwenden, was der Kühlschrank so hergibt. Mit einer Scheibe Brot ist der warme Herbstsalat eine vollwertige Mahlzeit.

Lauwarmer HERBSTSALAT MIT DIP

Zutaten

4 Zucchini
6 Tomaten
4 rote Zwiebeln
2 Knoblauchzehen
Salz, Pfeffer
7 EL Olivenöl (4+2+1)
1 Kopf roter Eichblattsalat
4 Stiele Minze
1/2 Bund glatte Petersilie
4 EL Zitronensaft
Zucker
200 g saure Sahne
2 EL Milch
Paprikapulver
2 EL Granatapfelkerne

Zubereitung

1. Den Backofen auf Ofen 200 °C (Umluft) vorheizen. Die Zucchini waschen und längs in etwa 0,5 cm dünne Scheiben schneiden. Die Tomaten waschen und quer halbieren. Die roten Zwiebeln schälen und achteln. Den Knoblauch schälen und in feine Scheiben schneiden.

2. Das vorbereitete Gemüse mit 1 gehäuften TL Salz, etwas Pfeffer und 4 EL Öl mischen und in einer großen Auflaufform oder der Fettpfanne verteilen. Im heißen Ofen 45–60 Minuten rösten, dabei immer wieder wenden.

3. Inzwischen den Eichblattsalat putzen, waschen und in mundgerechte Stücke zerpflücken. Die Kräuter waschen, trocken schütteln und die Blättchen abzupfen. Den Salat mit den Kräutern mischen.

4. Für die Vinaigrette Zitronensaft mit Salz, Pfeffer und 1 Prise Zucker verrühren. 2 EL Öl untermischen.

5. Für den Dip die saure Sahne mit der Milch verrühren. Mit Salz und Pfeffer würzen.

6. 1 EL Öl mit 1 Msp. Paprikapulver verrühren und über den Salat geben.

7. Gemüse aus dem Ofen nehmen, zusammen mit dem Salat auf einer Platte anrichten. Die Granatapfelkerne darüber verteilen und mit der Vinaigrette beträufeln. Den Dip dazu reichen.

Mein Tipp: DAZU SCHMECKT EIN KRÄFTIGES ROGGEN ODER BAUERNBROT GANZ HERVORRAGEND.

Herbstzeit ist Pilzzeit. Ganz egal, ob ihr sie selbst sammelt oder am Marktstand kauft, – Pilze sind einfach lecker und machen viele Gerichte zu etwas Besonderem. Eine Quiche mit Pilzen ist schnell zubereitet und schmeckt wunderbar nach Herbst. Ich backe sie auch sehr gerne als Vorspeise in Mini-Quiche-Förmchen. Zusammen mit einem Salat ist sie ein vollwertiges Mittag- oder Abendessen.

HERBSTGENUSS-QUICHE
mit Pilzen und Lauch

Zutaten

für den Teig
250 g Mehl
Salz
Pfeffer aus der Mühle
125 g Butter
1 Ei

für den Belag
1 Zwiebel
750 g gemischte Pilze
1 EL Zitronensaft
1 Stange Lauch
½ Bund Petersilie
3 EL Butter
Salz
Pfeffer aus der Mühle
200 ml Sahne
4 Eier
100 g geriebener Greyerzer
Muskat

Zubereitung

1. Das Mehl in eine Schüssel geben, mit Salz und Pfeffer würzen. Die Butter in kleinen Stückchen zugeben, mit dem Ei rasch zu einem glatten Teig verkneten und diesen mindestens 30 Minuten kühlen.

2. Inzwischen die Zwiebel schälen und in feine Würfel schneiden. Die Pilze putzen, in mundgerechte Stücke schneiden und mit etwas Zitronensaft beträufeln. Lauch waschen, putzen und in Ringe schneiden. Die Petersilie fein hacken.

3. Butter schmelzen, die Zwiebelwürfel andünsten, den Lauch und die Pilze zufügen und alles bei mittlerer Hitze ca. 5 Minuten dünsten. Mit Salz und Pfeffer gut würzen und die Petersilie untermischen.

4. Den Backofen auf 180 °C (Umluft) vorheizen. Den Teig auf dem Backpapier auswellen und beides zusammen in die Springform legen, dabei einen ca. 3 cm hohen Rand formen.

5. Die Sahne mit den Eiern verquirlen, den Käse untermischen und mit Muskat, Salz und Pfeffer würzen.

6. Die Pilzmischung auf dem Teig verteilen. Die Eiersahne darüber gießen und die Quiche in 20–30 Minuten goldbraun backen.

Mein Tipp: DAZU SCHMECKT EIN FELDSALAT MIT NÜSSEN UND KÜRBIS-ÖLDRESSING GANZ WUNDERBAR.

Ich muss zugeben, ich bin ein Schweden-Möbel-Victim. Schon als Kind genoss ich die seltenen Ausflüge ins Möbelhaus und freute mich unglaublich darauf, in der Cafeteria einen Teller Köttbullar vorgesetzt zu bekommen. Auch meine Kinder begleiteten mich ohne zu murren zum Schweden, wenn ich ihnen zum Abschluss des Einkaufs Köttbullar in Aussicht stellte. Warum also sollte es die kleinen Fleischbällchen nicht auch einmal zuhause geben? Sie sind superschnell gemacht und schmecken noch viel besser als beim Möbelriesen.

Köttbullar
MIT APFEL-KARTOFFELSTAMPF

Zutaten

für die Köttbullar
80 g Haferflocken (zart)
70 g Semmelbrösel (Paniermehl)
200 ml Milch
2 Zwiebeln
1 kg gemischtes Hackfleisch (sehr fein durch den Fleischwolf gedreht)
2 Eier
Salz und Pfeffer
Öl für die Pfanne

für den Kartoffelbrei
1kg Kartoffeln
3 Äpfel
200 ml Sahne
Salz und Pfeffer

für die Sauce
200 ml Sahne
400 ml Gemüsefond
1 Prise Pfeffer und Salz

Zubereitung

1. Für die Köttbullar die Haferflocken mit den Semmelbröseln und 200 ml Milch vermischen und gut quellen lassen.

2. Die Zwiebeln schälen und in feine Würfel schneiden.

3. Das Hackfleisch mit den Eiern, den Zwiebelwürfeln und der Haferflockenmischung in eine Schüssel geben und alles mit den Händen gut durchkneten, etwas Salz und Pfeffer dazugeben.

4. Aus der Hackfleisch-Masse ca. 50 kleine Bällchen formen.

5. Öl in eine Pfanne geben und die Hackfleischbällchen darin kross braten.

6. Für den Apfel-Kartoffelstampf die Kartoffeln schälen, in Stücke schneiden, in einen großen Topf mit Wasser geben und etwa 15 Minuten kochen.

7. Inzwischen die Äpfel schälen, entkernen und ebenfalls in Stücke schneiden. Zu den Kartoffeln in den Topf geben und etwa 8 Minuten mitgaren.

8. Das Wasser abgießen.

9. Äpfel und Kartoffeln etwas abkühlen lassen, dann die Sahne dazugeben und alles mit dem Kartoffelstampfer zu Brei verarbeiten.

10. Mit Salz und Pfeffer abschmecken

11. Für die Sauce 200 ml Sahne und 400 ml Gemüsefond in einem kleinen Topf auf dem Herd aufkochen lassen und gut umrühren, mit Pfeffer und etwas Salz abschmecken.

SMALKLIG MÅLTID!

Kein anderes Obst ist so typisch für den Herbstbeginn wie Äpfel. Gerade jetzt reifen die Äpfel auf den Streuobstwiesen und erfüllen die Luft mit einem süßen, frischen Duft. Sind die einheimischen Äpfel reif, ist der Sommer eindeutig vorbei und der Herbst zeigt sich in seiner vollen Pracht. An Herbsttagen, an denen es ungemütlich kalt ist, genieße ich gerne zum Nachtisch ein warmes Dessert bzw. Kuchen. Ein Crumble ist irgendwie beides, Kuchen und Dessert. Er ist schneller gemacht, als das Herbstlaub seine Farbe wechselt.

APFELCRUMBLE
mit Brombeeren

Zutaten

250 g Brombeere
2 säuerliche Äpfel
4 cl Orangensaft
2 EL flüssiger Honig
75 g Mehl
50 g gehackte Mandeln
50 g zarte Haferflocken
100 g Butter
50 g brauner Zucker
1 Prise Salz

Zubereitung

1. Die Brombeeren vorsichtig waschen, putzen und trocken tupfen. Die Äpfel schälen, vierteln, das Kernhaus entfernen und die Viertel klein würfeln. Mit den Brombeeren, dem Orangensaft und dem Honig vermengen.

2. Das Obst in eine Auflaufform füllen.

3. Den Ofen auf 180 °C Umluft vorheizen.

4. Das Mehl mit den Mandeln, Haferflocken, Butter, Zucker und Salz mit den Händen zu Streuseln verarbeiten und über die Früchte streuen.

5. Im vorgeheizten Backofen ca. 20 Minuten goldbraun backen.

6. Warm servieren.

Mein Tipp: DAZU PASST EINE KUGEL VANILLEEIS ODER ETWAS SCHLAGSAHNE GANZ VORZÜGLICH.

Wenn ich bei Geburtstagseinladungen nach einem Kuchenwunsch frage, bekomme ich fast immer die Antwort: „Mach, was du gerne machst, aber eine Himmelstorte wäre nicht schlecht". Im Originalrezept der Himmelstorte werden Johannisbeeren oder Himbeeren verarbeitet. Da der Kuchen aber so oft und zu allen Jahreszeiten gewünscht wird, habe ich beim Obst ein wenig experimentiert. Rhabarber und Kirschen, gefolgt von Pflaumen und Brombeeren waren unter der fluffigen Baiserhaube schon zu finden. Da im Herbst die Apfelernte ansteht, habe ich die Torte mit Äpfeln ausprobiert. Ich muss schon sagen, es lohnt sich wirklich, sie auch einmal mit Äpfeln zu füllen.

Himmlische
HIMMELSTORTE MIT ÄPFELN

Zutaten

3 Eier
2 Msp. Salz (1+1)
250 g Zucker (100+50+100)
100 g Butter
3 Pck. Bourbon Vanillezucker (1+2)
125 g Mehl
1 Pck. Weinstein-Backpulver
50 ml Milch
50 g Mandelblättchen
600 g Äpfel
300 ml Apfelsaft (200+100)
1 Pck. Vanillepudding Pulver
500 g Sahne
2 Pck. Sahnesteif
Puderzucker zum Bestreuen

Zubereitung

1. Den Ofen auf 175 °C (Umluft) vorheizen. Zuerst die Eier trennen. Das Eiweiß mit einer Messerspitze Salz steif schlagen. Dann 100 g Zucker dazugeben und so lange schlagen, bis sich der Zucker aufgelöst hat.

2. Die Butter wird mit einer Messerspitze Salz, 50 g Zucker und 1 Päckchen Vanillezucker mit dem Handmixer verrührt. Wenn alles gut schaumig ist, das Eigelb nach und nach dazugeben. Das Mehl mit dem Backpulver vermischen und abwechselnd mit der Milch unterrühren.

3. Zwei runde Backformen (26 cm Ø) mit Backpapier auslegen. Jeweils die Hälfte des Teiges einfüllen und glatt streichen.

4. Das steif geschlagene Eiweiß auf dem Teig verteilen und die Mandelblättchen darüber streuen.

5. 30 Minuten backen. Abkühlen lassen. Einen der beiden Böden in 12 Kuchenstücke teilen.

—— Fortsetzung Seite 109 ——

6. Die Äpfel schälen und in kleine Würfel schneiden. Mit 200 ml Apfelsaft und 100 g Zucker aufkochen und mit geschlossenem Deckel 5 Minuten bei kleiner Hitze auf dem Herd stehen lassen. Die Apfelstücke sollten noch etwas Biss haben.

7. Das Puddingpulver mit 100 ml Apfelsaft verrühren und unter die Äpfel geben, 1 Minute köcheln und dann etwas abkühlen lassen.

8. Den ganzen Boden auf eine Tortenplatte legen. Einen Tortenring umlegen und die Äpfel im Puddingsaft auf dem Kuchenboden verteilen.

9. Die Sahne mit dem Sahnesteif und 2 Päckchen Vanillezucker steif schlagen und auf die Äpfel gegeben.

10. Mit dem in Stücke geschnittenen Boden belegen.

11. Einige Stunden kühl stellen und mit Puderzucker bestreuen.

Mein Tipp: WER BRATÄPFEL MAG, KANN IN DIE APFELMASSE NOCH ROSINEN UND ETWAS ZIMT GEBEN.

In unserem Haus

GIBT ES BIS AUF EINE GRAUE
WAND HINTER DEM FERNSEHER NUR WEIßE WÄNDE.

Damit das nicht so kahl und langweilig aussieht, hübsche ich meine Wände gerne mit Postern und Prints auf, die ich auch saisonal austausche. Damit ich keine Reiszwecken in meine Wände drücken muss, habe ich mir Poster-leisten gebastelt. So kann ich – dank integrierter Magnete- ruckzuck das Poster oder den Print austauschen.

POSTERLEISTE

Ihr braucht
- Holzleisten (ich habe 2 cm breite Kieferleisten genommen)
- Mini-Magnete
- Reißzwecken ohne Plastikhaube
- Lederband oder Schnur
- Alleskleber
- außerdem eine Säge und Schmirgelpapier.

So wird es gemacht
Die Holzleisten auf die gewünschte Länge zusägen. Dann die Leisten etwas mit Schmirgelpapier abschleifen, besonders die Sägekanten.

 Jetzt werden ca. 4 Reißnägel (je nach Länge der Leiste) in die Rückseite der Leisten gedrückt.

 Nun wird das Lederband oder die Schnur mit ca. 11,5 cm Abstand zum Rand auf eine der Leisten geklebt und mit einer Reißzwecke zusätzlich festgepinnt.

Wenn der Kleber getrocknet ist, ist die Posterleiste schon fertig.

 Um ein Bild aufzuhängen, legt ihr es mit dem „Gesicht" nach unten auf die Leiste und befestigt es dort, indem ihr die Mini-Magnete von hinten auf die Stellen legt, wo die Reißzwecken sind.

Mein Tipp: DIE POSTERLEISTE KANN AUCH MIT ACRYLLACK IN BELIEBIGER FARBE LACKIERT WERDEN. GANZ RUSTIKAL SIEHT ES AUS, WENN MAN DIE POSTERLEISTE MIT STARKEM KAFFEE EINPINSELT.

Die Tage

WERDEN KÜRZER,

und wir werden in den nächsten Monaten viel Zeit in unserem Zuhause verbringen. Jetzt ist es an der Zeit, die Wohnung mit hübscher Herbstdeko gemütlich herzurichten. Blätter als Deko-Elemente bieten sich geradezu an. Einfache Herbstdeko muss nicht teuer sein – vielleicht habt ihr die meisten Zutaten sogar zuhause. Hier zeige ich euch, wie ihr mit wenigen Handgriffen zartes Herbstlaub wie aus Porzellan herstellen könnt.

Ihr braucht

- 125 ml Holzleim
- 70 g Speisestärke (Kartoffel- oder Maisstärke)
- 2 TL CMC (Lebensmittelkleber), aus der Apotheke, aus dem Konditorbedarf oder über das Internet.
- 1 TL weiße Acrylfarbe
- etwas Speisestärke zum Kneten

Werkzeug und Zubehör

- Handmixer
- Blattausstecher
- Messer
- Bäckergarn
- evtl. Glitzerpulver

BLÄTTER
aus Kaltporzellan

1 **So wird es gemacht**
Leim und Farbe in einer Schüssel mischen. Die Stärke dazugeben und mit den Quirlen des Handmixers gut durchmixen. Dann unter Rühren nach und nach das CMC dazugeben und noch etwas weitermixen.

2 Streut etwas Stärke auf eure Arbeitsplatte. Gebt nun die Masse auf die Stärke und knetet alles gut durch. Bis nichts mehr klebt, dauert es ein wenig.

3 Gebt die Masse in einen Gefrierbeutel und verschließt den Beutel luftdicht

4 Jetzt muss das Kaltporzellan mindestens einen Tag ruhen.

5 Nach der Ruhezeit wieder etwas Speisestärke auf die Arbeitsplatte streuen und die Porzellanmasse etwa 0,5 cm dick auswellen.

6 Jetzt mit Blattausstechern Blätter ausstechen. Wer keine Ausstecher hat, kann die Blätter auch frei Hand mit einem Messer ausschneiden. Mit einem Zahnstocher kleine Löcher für die Aufhänger in die Blätter bohren. Das Kaltporzellan braucht etwa 2 Tage, um gut durchzutrocknen. Die Trocknungszeit variiert je nach Dicke der Figuren. Ich trockne meine Figuren immer auf einem mit Butterbrotpapier belegten Brett.

Mein Tipp: WER MAG, STREUT VOR DEM TROCKNEN ETWAS GLITZERPULVER AUF DIE BLÄTTER. DIE BLÄTTER KÖNNEN AUCH MIT WASSERFARBE BUNT BEMALT WERDEN.

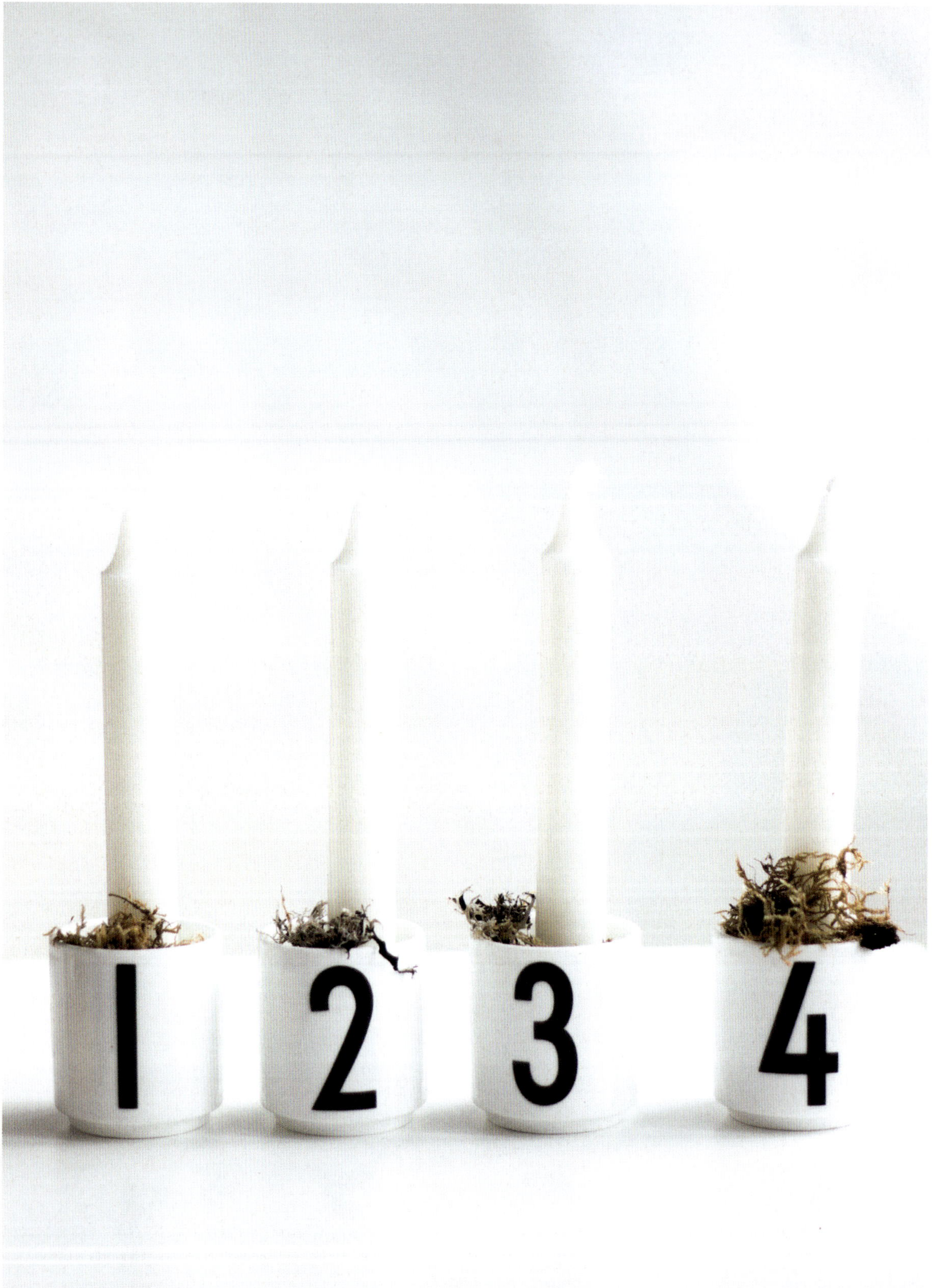
1
2
3
4

Advents- und Weihnachtszeit

Kaum werden die Tage wieder kürzer und kühler, freue ich mich auf die Advents- und Weihnachtszeit. Die Tage im Advent sind von Vorfreude und Heimlichkeiten geprägt. Bei uns laufen jetzt die Vorbereitungen auf das Weihnachtsfest auf Hochtouren. Es wird gebastelt, dekoriert und verpackt. Es stehen jede Menge Einladungen und Veranstaltungen an, so dass es mir jedes Jahr aufs Neue so vorkommt, als ob die Zeit zum Ende des Jahres hin noch viel schneller läuft, ja es ist fast, als ob sie mir davonläuft. Jetzt, in der Adventszeit, dieser besonderen Zeit des Jahres, versuche ich aber auch ganz bewusst innezuhalten und zur Besinnung zu kommen, um mich eben nicht vom Trubel um Weihnachten treiben oder gar hetzen zu lassen. Ich versuche vielmehr den selbstgemachtem Glühwein, die Plätzchen, das Tannengrün und die Kerzen ganz bewusst zu genießen. Der erste Schnee, das Schmuddelwetter draußen und behagliche Gemütlichkeit drinnen laden doch gerade zur Entschleunigung ein.

Da weniger bekanntlich mehr ist, halte ich meine Deko eher schlicht. Bei der Plätzchenauswahl beschränke ich mich auf die Klassiker, die wir alle gerne mögen, und verzichte auf größere Backexperimente mit exotischen Zutaten, die dann am Ende doch keiner essen mag. Weil auch das Einfache besonders sein kann, zeige ich euch hier besonders einfache Weihnachtsrezepte und Bastel- und Dekoideen, die perfekt für alle geeignet sind, die an Weihnachten nicht nur in der Küche stehen möchten, sondern diese besondere Zeit gerne einfach genießen.

Wir lieben selbstgemachte Nudeln. Gefüllte Sorten stehen bei uns besonders hoch im Kurs. Auch wenn es sich recht aufwändig anhört, Ravioli selbst zu machen, so viel Arbeit ist es gar nicht. Gerade jetzt für die Festtage sind Ravioli ideal, denn man kann sie sehr gut vorbereiten. Ich bestäube die fertig gefüllten, ungekochten Ravioli mit etwas Mehl, setze sie nebeneinander auf eine Platte und friere sie ein. Wenn sie gefroren sind, fülle ich die Nudeln in Gefrierboxen um. So kann ich sie bei Bedarf einfach in kochendes Wasser werfen und muss mich dann nur noch um die Soße kümmern.

Rote Bete Ravioli
MIT WALNUSSBUTTER

Zutaten

400 g Mehl
2 Eier
Salz
2 EL Olivenöl
300 g Rote Bete (gekocht, vakuumverpackt)
250 g Ricotta
Pfeffer
40 g Semmelbrösel
60 g Butter
60 g gehackte Walnüsse
40 g Parmesan

Zubereitung

1. Für den Teig Mehl mit ca. 80 ml lauwarmem Wasser, den Eiern, 1 Teelöffel Salz und Olivenöl verkneten. In Frischhaltefolie gewickelt ca. 30 Minuten ruhen lassen.

2. Inzwischen für die Füllung die Roten Beten fein reiben. Dann mit dem Ricotta, Salz und Pfeffer vermischen. Die Semmelbrösel unterrühren.

3. Nun den Teig auf einer leicht bemehlten Arbeitsfläche dünn ausrollen. Mit einem Glas oder Ravioliausstecher Kreise von ca. 6 cm Durchmesser ausstechen

4. Jeweils 1 TL Rote-Bete-Masse in die Mitte der Nudelkreise setzen. Die Ränder mit etwas Wasser anfeuchten und Kreise zu einem Halbmond zusammenklappen. Die Ränder gut zusammendrücken.

5. Die Ravioli in reichlich kochendem Salzwasser ca. 5 Minuten garen und dann mit einer Schaumkelle herausnehmen.

6. Die Butter in einer Pfanne schmelzen und etwas braun werden lassen. Die Walnüsse in die Butter geben und kurz schwenken..

7. Ravioli auf den Tellern anrichten. Mit Walnussbutter beträufeln und etwas Parmesan darüber reiben.

8. Sind die Ravioli schon vorbereitet, kann das Essen in Minutenschnelle auf dem Tisch stehen.

Für mich das perfekte Weihnachtsdessert! Fluffige Frischkäsecreme mit Kirschen und würzigen Spekulatiusbröseln. Wenn wir Gäste zum Essen erwarten, bin ich immer froh, wenn ich das Dessert schon vorab zubereiten kann. So ein fruchtiges Schichtdessert kann gut ein bis zwei Tage vorher zubereitet werden und wartet dann geduldig im Kühlschrank auf seinen großen Moment.

No-bake SPEKULATIUS-CHEESECAKE IM GLAS

Zutaten für 8 kleine Gläser

3 Blätter Gelatine
6 EL Butter, geschmolzen
300 g Spekulatius
200 g Frischkäse, Doppel-
   rahmstufe
150 g Joghurt
35 g Zucker
500 g Sauerkirschen, gefroren
1 TL Zimt
50 g Zucker
8 kleine Spekulatius

Zubereitung

1. Als erstes die Gelatineblätter 10 Minuten in einem Schälchen mit Wasser einweichen.

2. Für den Spekulatiusboden die Butter in einen Topf geben und schmelzen.

3. Die 300 g Spekulatius ganz fein zerkrümeln und mit der Butter vermengen, in den Gläsern verteilen und etwas fest drücken.

4. Für die Käsekuchenfüllung, den Frischkäse mit dem Joghurt cremig aufschlagen. Die eingeweichte Gelatine etwas ausdrücken und zusammen mit dem Zucker in einen kleinen Topf geben. So lange bei schwacher Hitze erwärmen, bis die Gelatine ganz aufgelöst ist.

5. Die Gelatinemasse unter die Frischkäse-Creme rühren und diese auf den Keksböden verteilen.

6. Mindestens 2 Stunden in den Kühlschrank stellen.

7. Für das Topping die gefrorenen Kirschen in einem Topf mit Zucker und Zimt mischen und erwärmen.

8. Abkühlen lassen und gleichmäßig auf die Gläser verteilen.

9. Mit einem kleinen Spekulatius garnieren.

Mein Tipp: DER CHEESECAKE IM GLAS SCHMECKT MIT HIMBEEREN ODER PREISELBEEREN AUCH SEHR LECKER

Die Linzer Torte ist ein echter Klassiker, der trotz der Gewürze nicht nur zur Weihnachtszeit zu finden ist. Ich denke aber, mit dem hübschen Sternen-Dekor passt sie perfekt zum Nachmittagskaffee in der Adventszeit.

LINZER TORTE
mit Glühweingelee

Zutaten

135 g Butter (weich)
4 Eigelbe
125g Zucker
1 Bio-Zitrone (Abrieb)
100 g gemahlene Walnusskerne
100 g gemahlene Mandeln
1 EL Kirschwasser
1 TL Zimt
½ TL Nelkenpulver
250 g Mehl
½ Teelöffel Backpulver
350 g Glühweingelee
   (Rezept s. S.133)
2 EL Milch
Puderzucker zum Bestäuben

Zubereitung

1. Eine Springform (Ø 26 cm) gut mit 1 Esslöffel Butter einfetten.

2. Die restliche Butter mit dem Handmixer sehr gut schaumig rühren. Dann die Eigelbe und den Zucker zur Butter geben und weitere 8 Minuten schaumig rühren.

3. Die Zitrone heiß abwaschen, abtrocknen und die Schale fein abreiben. Zitronenschale mit Walnüssen, Mandeln, Kirschwasser und den Gewürzen zur Butter geben und unterrühren.

4. Das Mehl und Backpulver sieben, ebenfalls zur Buttermischung geben und mit den Händen rasch zu einem glatten Teig kneten. Zu einer Kugel formen und in Klarsichtfolie wickeln. Im Kühlschrank 1 Stunde ruhen lassen.

5. Den Backofen auf 180 C Ober-/ Unterhitze vorheizen.

6. Zwei Drittel der Teigmenge auf einer leicht bemehlten Arbeitsfläche rund ausrollen und in die gefettete Springform drücken. Dabei einen kleinen Rand formen.

7. Den Teig dick mit Glühweingelee bestreichen.

8. Den restlichen Teig dünn auswellen, Sterne ausstechen und auf dem Kuchen hübsch anordnen.

9. Den Rand und die Sterne mit etwas Milch bestreichen.

10. Die Linzer Torte im heißen Backofen 45 Minuten backen. Herausnehmen, in der Form abkühlen lassen.

11. Vor dem Servieren mit Puderzucker bestäuben.

Mein Tipp: WENN DIE LINZER TORTE VOLLSTÄNDIG ABGEKÜHLT IST, KANN MAN SIE IN KLARSICHTFOLIE WICKELN UND ETWA EINE WOCHE DURCHZIEHEN LASSEN. SIE SCHMECKT WIRKLICH BESSER, WENN SIE EIN PAAR TAGE RUHEN DURFTE, UND SIE IST GUT VERPACKT WOCHENLANG HALTBAR.

Wie ihr bestimmt schon bemerkt habt, bin ich ein großer Freund von einfachen und schnellen Rezepten. Gerade in der Vorweihnachtszeit kommen mir einfache und doch besondere Rezepte gerade recht. Dieses Keksrezept begeistert mich schon einige Jahre. Es geht schnell, die Kekse sehen hübsch aus und schmecken meiner ganzen Familie.

Schokoladendoppeldecker
MIT KARAMELLCREME

Zutaten

280 g Mehl
60 g Kakaopulver (50+10)
170 g Puderzucker (150+20)
Salz
200 g Butter (kalt, in Würfeln)
1 Ei
200 g Karamellcreme (im Supermarkt beim Brotaufstrich)

Zubereitung

1. Das Mehl, 50 g Kakaopulver, 150 g Puderzucker und 1 Prise Salz mischen. Die Butter und das Ei dazugeben. Alles zu einem glatten Teig verarbeiten und ca. 1 Stunde kühlen.

2. Den Backofen auf 160 °C (Umluft) vorheizen.

3. Den Teig auf einer leicht bemehlten Arbeitsfläche 3 mm dick ausrollen. Mit einem runden Ausstecher (4 cm Ø) Plätzchen ausstechen und auf mit Backpapier belegte Bleche geben.

4. Bei der Hälfte der Plätzchen mit einem kleinen Ausstecher in der Mitte ein Loch ausstechen.

5. Ein Blech nach dem anderen im heißen Ofen auf der mittleren Schiene jeweils 10 Minuten backen. Auf den Backblechen vollständig abkühlen lassen.

6. Den restlichen Kakao mit dem übrigen Puderzucker mischen. Die Plätzchen mit dem Loch mit der Puderzucker-Kakao Mischung bestreuen.

7. Die Karamellcreme glatt rühren und mittig auf die übrigen Plätzchen geben.

8. Die gelochten Plätzchen daraufsetzen.

Mein Tipp: WER DIE KOMBINATION AUS SALZ UND KARAMELL MAG, KANN DIE PLÄTZCHEN NOCH MIT ETWAS FLEUR DE SEL BESTREUEN.

Auf den ersten Blick sehen diese Kringel ganz unspektakulär aus. Doch das täuscht gewaltig, denn die Plätzchen überraschen durch ein ganz feines Tonka-Aroma, und sie sind unglaublich zart und mürbe. Wer seinen Plätzchenteller dieses Jahr mit ganz feinen Plätzchen bestücken möchte, kommt an dieser Nascherei nicht vorbei.

DÄNISCHE *Kringel*

Zutaten

3 Eier
3 Eigelbe (1+2)
160 g Puderzucker
1 Msp. Tonkabohne, gerieben
250 g Butter
350 g Mehl
50 g Hagelzucker

Zubereitung

1. Zuerst 3 Eier hart kochen und dann von ihnen nur das gekochte Eigelb in eine Schüssel geben. Ein rohes Eigelb dazugeben und gut verrühren

2. Den Puderzucker mit der geriebenen Tonkabohne mischen und unterrühren. Die weiche Butter nach und nach dazugeben. Dann das Mehl nach und nach dazugeben und gut verkneten.

3. Den Teig zu einer Kugel formen und in Folie gewickelt im Kühlschrank etwa 3 Stunden gut durchkühlen lassen.

4. Den Teig in Walnussgroße Stücke teilen. Daraus etwa 10 cm lange Stangen rollen und aus diesen Kringel bilden.

5. Die Ringe mit den zwei restlichen Eigelben bestreichen und dann mit Hagelzucker bestreuen.

6. Auf das Backblech legen und bei 180° Grad ca. 12 Minuten backen.

7. Auf einem Kuchengitter ganz erkalten lassen.

Mein Tipp: MAN KANN DIE KRINGEL AUCH MIT ETWAS ZIMTZUCKER ODER BUNTEN ZUCKERSTREUSELN BESTREUEN.

Bei uns hat Vanille das ganze Jahr Hochkonjunktur in der Küche. Am liebsten verwende ich selbstgemachten Vanillezucker oder die intensiv duftende Vanillepaste. Vanillepaste findet in vielen Rezepten Verwendung. Mit ihr können Teige oder Crèmes verfeinert werden. Die Paste ist ganz leicht herzustellen und eignet sich in der Weihnachtszeit auch toll als kleines Mitbringsel oder Wichtelgeschenk.

Vanille Paste –
GESCHENKE AUS DER KÜCHE

Zutaten für 2 Gläser a 200 ml:

5 Vanilleschoten
400 g feiner brauner Kandis
200 ml Wasser

Zubereitung

1. Das Wasser und den Zucker in einen Topf geben und erhitzen.

2. Die Vanilleschoten aufschneiden und das Mark sorgfältig herauskratzen.

3. Die ausgekratzten Schoten in grobe Stücke schneiden und mit dem Mark in den Topf mit dem Zuckerwasser geben.

4. Die Mischung unter Rühren so lange aufkochen, bis sich der Zucker gelöst hat.

5. Auf kleiner Hitze köcheln lassen, bis die Mischung deutlich eingedickt ist. Das dauert ungefähr 15 Minuten.

6. Dann den Sirup durch ein Sieb in die zwei Gläser abfüllen. Die Gläser auf dem Kopf stehend auskühlen lassen.

7. Nach dem Öffnen im Kühlschrank aufbewahren. Die Paste hält geöffnet mehrere Wochen. Das ungeöffnete Glas ist etwa 6 Monate haltbar.

Mein Tipp: WER MÖCHTE, KANN DIE VANILLESCHOTENSTÜCKE FÜR NOCH MEHR AROMA IN DER PASTE LASSEN. DANN MUSS MAN AUFPASSEN, DASS DIE SCHOTENSTÜCKE NICHT IM TEIG LANDEN.

Im Winter und zur Weihnachtszeit mag ich Glühweingelee sehr gerne. Es eignet sich wunderbar, um damit Weihnachtsplätzchen zu füllen oder es in Kuchen und Torten zu verarbeiten. Es passt hervorragend zu Wildgerichten und schmeckt auch super auf einem Frühstücksbrötchen. Als Mitbringsel kommt es in der Weihnachtszeit immer gut an.

GESCHENKE AUS DER KÜCHE
Glühwein-Gelee

Zutaten für 4 Gläser à 250 ml

1 Bio-Orange
500 ml Rotwein
8 Gewürznelken
4 Sternanis
4 Zimtstangen
450 ml heller Traubensaft
300 g Gelierzucker 3:1

Zubereitung

1. Die Orange heiß abwaschen, gut abtrocknen und mit einem Schälmesser die Schale sehr dünn abschälen. Die Orangenschale mit dem Wein und den Gewürzen in einen Topf geben, alles einmal aufkochen.

2. Den Topf vom Herd nehmen und den Glühwein 2 Stunden lang ziehen lassen. In der Zwischenzeit die Marmeladengläser und Deckel sterilisieren und beiseitestellen.

3. Die Gewürze und die Orangenschale aus dem Glühwein herausfischen. Traubensaft und Gelierzucker unter den Glühwein rühren und den Topf wieder auf den Herd stellen. Aufkochen und 3 Minuten unter ständigem Rühren sprudelnd kochen lassen.

4. Jetzt die Gelierprobe machen. Ist das Gelee fest genug, kann abgefüllt werden. Das Gelee noch heiß randvoll in die vorbereiteten Gläser füllen. Gläser mit Twist-off-Deckel fest verschließen. Darauf achten, dass der Rand der Gläser sauber ist!

5. Gläser etwa 5 Minuten auf den Kopf stellen. Dann wieder umdrehen und abkühlen lassen.

Mein Tipp: MAN SOLLTE DAS GELEE SCHON EIN PAAR WOCHEN VOR WEIHNACHTEN EINKOCHEN, DAMIT DIE GEWÜRZE ETWAS MEHR ZEIT HABEN, IHR VOLLES AROMA ZU ENTFALTEN.

Der Granatapfelsirup ist schon seit einigen Jahren ein gern gesehener Gast in meiner Winterküche. Der intensiv sauersüß-fruchtige Sirup ist nicht nur im Cocktail und Sprudelwasser lecker. Er würzt auch Salatsaucen und kann über Fisch und Fleisch geträufelt werden.

Granatapfel SIRUP

Zutaten

3 Granatäpfel
400 g Zucker
Saft von einer Zitrone

Zubereitung

1. Zuerst werden die Kerne aus den Granatäpfeln herausgelöst. Dann die Kerne mit dem Pürierstab fein vermixen.

2. Das Püree zweimal durch ein Sieb geben. Das ist wichtig, damit keine Stückchen in den Sirup gelangen.

3. Den zweimal durchgefilterten Saft mit 400 g Zucker und dem Zitronensaft verrühren und in einem großen Kochtopf unter Rühren aufkochen.

4. In der Zwischenzeit die Flaschen mit kochendem Wasser ausspülen und beiseitestellen.

5. Nach etwa 10 Minuten sprudelndem Kochen kann der Sirup in die Flaschen gefüllt werden.

6. Den Sirup vor dem Genießen noch komplett abkühlen lassen.

Mein Tipp: GRANATAPFELKERNE HERAUSLÖSEN GEHT AUCH OHNE SPRITZER: STELLT EUCH EINFACH EINE GROSSE SCHÜSSEL MIT WASSER BEREIT UND HALTET DEN GRANATAPFEL BEIM HERAUSLÖSEN UNTER WASSER. DA DAS FRUCHTFLEISCH SCHWERER IST ALS DIE KERNE, SINKT ES AUF DEN BODEN. DIE KERNE KÖNNEN DANN EINFACH VON DER WASSEROBERFLÄCHE GESCHÖPFT WERDEN.

Bei uns ist es Tradition, mit einem leckeren Cocktail auf Weihnachten oder das neue Jahr anzustoßen. Gerade jetzt im Winter passt der Granatapfel wunderbar dazu. Ich finde, die glänzenden Grantapfelkerne verleihen dem Drink den nötigen Glamour.

Weihnachtlicher
GRANATAPFELCOCKTAIL

Zutaten

2 Granatäpfel
2 Stängel frische Minze
800 ml Prosecco
100 ml Granatapfelsirup

Zubereitung

1. Die Granatapfelkerne aus dem Granatapfel lösen.

2. Die Minzeblätter etwas anquetschen und mit dem Prosecco, dem Granatapfelsirup und den Granatapfelkernen in einen Krug füllen.

3. Eine Stunde lang im Kühlschrank ziehen lassen.

4. Die Minzestängel entfernen und den Cocktail in Gläser füllen.

Mein Tipp: WER DEN COCKTAIL GERNE OHNE ALKOHOL ZUBEREITEN MÖCHTE, NIMMT STATT PROSECCO EINE FLASCHE BITTER LEMON.
WIE MAN DIE GRANTAPFELKERNE OHNE SPRITZER AUS DEN GRANATÄPFELN HERAUSLÖSEN KANN UND WIE EINFACH ES IST, GRANATAPFELSIRUP HERZUSTELLEN, KÖNNT IHR AUF S. 135 SEHEN.

Ich mag Sterne
AUS WEIßEM PAPIER BESONDERS GERNE!

Ich finde es herrlich, wenn große und kleine Papiersterne die Fenster und Wände unseres Hauses verzieren. Jedes Jahr kommen ein paar neue Exemplare dazu, die ich nach Weihnachten wieder vorsichtig vom Fensterglas löse und in flache Schachteln lege, damit sie im nächsten Advent wieder ihren großen Auftritt haben. Sterne aus Tortenspitze sind besonders einfach zu falten und machen richtig was her.

STERNE AUS Tortenspitze

Ihr braucht
- 4 runde Tortenspitzen
- Lineal
- Schere
- Bastelkleber
- Band zum Aufhängen

So wird es gemacht — **1**
Die Tortenspitzen werden zuerst geviertelt.

2 Jedes Viertel wird einmal in der Mitte gefaltet und wieder aus- einandergeklappt.

3 Nun wird der Spitzenrand auf beiden Seite zur Mitte gefaltet – es entsteht eine Rautenform.

4 Jetzt die Seiten ohne Spitze ebenfalls zur Mitte falten.

5 Wenn alle 16 Teile gefaltet sind, werden die Rauten fächerartig zusammengeklebt.

6 Nach dem Trocknen das Band einfädeln.

Mein Tipp: IHR KÖNNT DIE TORTEN- SPITZE AUCH SO FALTEN, DASS DAS SPITZENMUSTER INNEN IST. DIESE VARIANTE IST EBENFALLS SEHR REIZ- VOLL.

Mein Herz schlägt

FÜR TUPFEN UND PUNKTE IN ALLEN ERDENKLICHEN GRÖßEN UND FARBEN.

In der Weihnachtszeit mag ich goldene Tupfen ganz besonders gerne. Deshalb habe ich einfachen Sektgläsern ein Tupfenkleid verpasst. Ich finde, die Tupfen erinnern an glitzernde Schneeflocken an einem kalten Winterabend.

GLÄSER *bemalen*

Ihr braucht
- Gläser
- flüssige Porzellanfarbe in Gold oder der Farbe eurer Wahl
- Wattestäbchen

So wird es gemacht

1 Bereitet die Gläser vor, indem ihr sie heiß ausspült und gut abtrocknet.

2 Schüttelt jetzt das Farbdöschen gut durch, Porzellanfarbe setzt sich gerne etwas ab.

3 Taucht jetzt ein Wattestäbchen in die Farbe. Macht nun einfach kleine Punkte auf das Glas.

4 Die Gläser gut trocknen lassen und dann 90 Minuten bei 160 °C in den Backofen stellen. Sollte auf eurer Farbe eine andere Einbrennanleitung stehen, dann haltet euch an diese.

Mein Tipp: ICH VERWENDE GERNE FLÜSSIGE PORZELLANFARBE, ICH FINDE SIE HALTBARER ALS DIE FARBE IN STIFTFORM.

Winter

Der Winter ist für mich die stille Jahreszeit. Zeit, zur Ruhe zu kommen.

Die doch meist etwas turbulenten Weihnachts- und Silvestertage sind vorbei. Jetzt dürfen wir uns auch eine kleine Auszeit gönnen. Die Natur ist ein wunderbares Vorbild. Der Garten scheint in einem tiefen Schlaf versunken zu sein. Im Winter zieht sich die Natur in ihr tiefstes Inneres zurück. Sie regeneriert sich, um im Frühjahr in voller Kraft zu erwachen und in neues Leben zu starten.

Wenn wir nun auch etwas kürzer treten und etwas Ruhe einkehren lassen, so kann sich unser Körper gut regenerieren, um neue Kraft zu tanken. Natürlich müssen wir nicht den kompletten Winter verschlafen, es reicht schon aus, es sich immer mal wieder auf dem Sofa kuschelig zu machen; bei Kerzenschein eine heiße Schokolade oder Tee zu genießen.

Die Winterküche trägt auch zu unserem Wohlbefinden bei, ich lasse mich auch an Wintertagen auf dem Wochenmarkt inspirieren. Wintergemüse ist alles andere als farblos, meine Rote-Bete-Suppe ist ein richtiger Knaller im Teller. Granatapfelkerne sorgen für Farbtupfer im Salat und heben gleichzeitig die gute Laune.

Nachdem bei uns die Weihnachtssdeko verstaut ist, mag ich es eine Zeit lang richtig pur. Von Kerzen kann ich allerdings nie genug haben. Diese kleine Lichtquelle steht für mich in enger symbolischer Verbindung zur Sonne und ihrem Licht als Quelle allen Lebens. Davon können wir im Winter schließlich nie genug bekommen.

Als kleine Vorspeise zu frischem Brot macht sich der Rote-Linsen-Tomaten-Dip hervorragend. Auch zu Gemüsesticks und Fleisch ist er eine gute Wahl! Dieser würzig duftende Aufstrich, der ganz ohne tierische Zutaten daherkommt, ist genau das Richtige für kühle Wintertage.

Rote-Linsen-
AUFSTRICH ODER -DIP

Zutaten

1 rote Zwiebel
1 Knoblauchzehe
3 EL Kokosöl
1 EL Tomatenmark
1 EL rote Currypaste
125 Gramm rote Linsen
1 Tomate
1 Bund Koriander
1 EL Limettensaft
Salz
Pfeffer (frisch gemahlen)

Zubereitung

1. Die Zwiebel und den Knoblauch abziehen und sehr fein hacken. Das Kokosöl in einem Topf erhitzen, die Zwiebel und das Knoblauch darin etwa 5 Minuten andünsten.

2. Das Tomatenmark und die Currypaste unterrühren und etwa 1 Minute unter Rühren mit andünsten.

3. Die Linsen in einem Sieb gut abspülen und mit 250 ml Wasser zu den Zwiebeln geben. Alles aufkochen lassen und zugedeckt bei mittlerer Hitze etwa 15 Minuten kochen. Die Flüssigkeit muss vollständig verkocht sein.

4. Die Linsen so lange mit einer Gabel durchrühren, bis sie zerfallen und eine weiche Creme entsteht.

5. Die Tomate abspülen, trocken tupfen, den Stielansatz herausschneiden und das Fruchtfleisch fein hacken. Den Koriander sehr fein hacken. Die Tomatenstücke und den Koriander zusammen mit dem Limettensaft unter die Linsen rühren.

6. Den Dip mit Salz und Pfeffer abschmecken. Bis zum Servieren kalt stellen.

Mango, Avocado und Garnelen – ob das wohl zusammenpasst? Als ich das Rezept vor einiger Zeit von einer Freundin bekommen habe, war ich mehr als skeptisch. Aber ich wurde nicht enttäuscht und fand das Ergebnis sehr lecker! Seither gibt es den Mango-Avocado-Salat regelmäßig bei uns. Meist reiche ich ihn als Vorspeise.

Mango-Avocado-Salat
IM GLAS

Zutaten für 4 Personen

für den Salat
12 Garnelen
1 Würfel Kräuterbutter
Öl
1 Mango
2 Avocados
1 EL Zitronensaft
350 g Cocktailtomaten
250 g Rucola

für das Dressing
2 EL Zitronensaft
2 EL Orangensaft
1 EL Senf
2 EL Olivenöl
Pfeffer

Zubereitung

1. Die Garnelen in einer Pfanne mit etwas Öl anbraten. Wenn sie Farbe bekommen haben, die Kräuterbutter hinzugeben, würzen und die Pfanne vom Feuer nehmen.

2. Die Mango schälen und das Fruchtfleisch in Würfel oder Streifen schneiden. Die Avocado halbieren und den Kern entfernen. Die Avocadohälften schälen und das Fruchtfleisch ebenfalls in Würfel oder Streifen schneiden. Sofort mit dem Zitronensaft beträufeln, damit sich die Avocado nicht bräunlich verfärbt.

3. Die Tomaten waschen und halbieren. Den Rucola verlesen, waschen und trocken schütteln, dabei grobe Stiele entfernen.

4. In einer Schüssel Mango, Avocado, Tomaten und Rucola vorsichtig mischen. Dann auf vier Gläser verteilen

5. Jeweils 3 Garnelen auf Holzspieße aufspießen und über die Gläser legen.

6. Zitronen- und Orangensaft mit dem Senf verrühren und mit Salz und Pfeffer würzen. Danach das Öl unterschlagen. Das Dressing zum Servieren über den Salat geben

Mein Tipp: DIE GARNELEN KÖNNEN GUT DURCH SCHAFSKÄSEWÜRFEL ERSETZT WERDEN.

Wenn das mal keine leckere Kombination ist: Salat, Tomaten und Granatapfelkerne, angerichtet in einem kleinen Parmesankörbchen. Salate schmecken mir nicht nur im Sommer, auch im Winter sorgen die knackigen Blättchen für frische Abwechslung auf unserem Tisch.

WINTERSALAT
im Parmesankörbchen

Zutaten

300 g Parmesankäse
2 Knoblauchzehen
300 g cremiger Vollmilch-Joghurt
100 g Salat-Mayonnaise
3 EL Sojasoße
1–2 TL Zitronensaft
2 TL Senf
Salz
Pfeffer
½ TL Zucker
200 g Feldsalat
1 Radicchio-Salat
50 g Granatapfelkerne
500 g Partytomaten
Backpapier

Zubereitung

1. Den Backofen auf 175 °C (Umluft) vorheizen.

2. Den Parmesan fein reiben. Aus jeweils 50 g Parmesan 6 Kreise mit etwa 14 cm Durchmesser auf ein mit Backpapier belegtes Backblech streuen. Im vorgeheizten Backofen 7–10 Minuten backen. Die Parmesantaler herausnehmen, sofort über umgedrehte Gläser oder Schälchen legen und dort in Körbchenform auskühlen lassen.

3. Den Knoblauch schälen und fein hacken. Joghurt, Mayonnaise und Knoblauch verrühren. Mit Sojasoße, Zitronensaft, Senf, Salz, Pfeffer und Zucker abschmecken.

4. Den Feldsalat putzen, waschen und trocken schleudern. Radicchio putzen, waschen und in Stücke schneiden. Die Tomaten waschen, abtropfen lassen und halbieren.

5. Etwas Salat und Tomaten in den Parmesankörbchen anrichten.

6. Die Salatsoße erst kurz vor dem Servieren darüber gießen und den Salat mit den Granatapfelkernen bestreuen.

Mein Tipp: DEN ÜBRIGEN SALAT EINFACH IN EINER EXTRA-SCHÜSSEL ANRICHTEN UND MIT DER RESTLICHEN SALATSOßE MISCHEN. SOLLTE EIN PARMESANKÖRBCHEN BEIM FORMEN KAPUTT GEHEN, KÖNNT IHR DIE PARMESANCHIPS EINFACH ÜBER DEN SALAT GEBEN.

Bei dieser leuchtenden Farbe auf dem Teller hat der Winterblues sicherlich keine Chance. Frische Rote Bete, Pastinake und ein Hauch von Kokos vereinen sich zu einer wunderbar cremigen und sättigenden Suppe, die für mich auch optisch ein echtes Highlight auf dem Tisch ist.

Winterliche
ROTE-BETE-SUPPE MIT PASTINAKE

Zutaten

300 g Rote Bete
300 g Pastinaken
1 Rote Zwiebel
1 rote Chili-Schote
1 TL Currypulver
1 TL Senf
600 ml Gemüsebrühe
600 ml Kokosmilch
1 Bund Koriander
Salz und Pfeffer

Zubereitung

1. Die Pastinaken und die Roten Beten schälen und in Würfel schneiden.

2. Die Zwiebel abziehen und in feine Würfel schneiden.

3. Die Chili aufschneiden, Kerne entfernen und die Schote fein hacken.

4. Die Pastinaken, Rote Bete und Zwiebeln in einem Topf glasig andünsten.

5. Den Senf und das Currypulver kurz mitdünsten.

6. Mit der Gemüsebrühe ablöschen. Die Kokosmilch hinzugeben und abgedeckt 20 Minuten köcheln lassen, danach die Suppe cremig pürieren.

7. Mit Salz und Pfeffer abschmecken. Den Koriander hacken und über die Suppe geben.

Mein Tipp: DAZU SCHMECKT HERVORRAGEND EIN BAUERNBROT. STATT PASTINAKEN KÖNNEN AUCH KARTOFFELN ZUR SUPPE GEGEBEN WERDEN.

Gnocchi – die sind so einfach selbst gemacht, dass ich über mich selbst den Kopf schüttle, wenn doch mal wieder eine Packung aus der Kühltheke im meinem Einkaufskorb landet. Sie gehen so leicht von der Hand, egal ob man geübt oder Kochanfänger ist. Wenn ihr euch noch nicht an selbstgemachte Gnocchi gewagt habt, nur zu! Das einzige, was man für die Zubereitung braucht, sind Kartoffeln, etwas Zeit und großer Hunger.

Gnocchi mit
SALBEI-WALNUSS-BUTTER

Zutaten

800 g Kartoffeln, mehlig
   kochend
2 Eigelbe
180 g Mehl + ein wenig
   zum Arbeiten
Salz
60 g Walnüsse
60 g Butter
10 Salbeiblätter
Pfeffer aus der Mühle
80 g frisch gehobelter Parmesan

Zubereitung

1. Die Kartoffeln mit Schale in etwa 25 Minuten weich kochen, pellen. Mit einem Kartoffelstampfer fein stampfen und etwas abkühlen lassen.

2. Wenn der Stampf nur noch lauwarm ist, das Eigelb und so viel Mehl hinzufügen, bis ein geschmeidiger, fester Teig entsteht; mit Salz würzen.

3. Den Teig auf bemehlter Fläche zu 4 cm dicken Rollen formen, mit einem Messer quer 2 cm breite Stücke abschneiden. Die Gnocchi mit einer Gabel etwas plattdrücken.

4. Portionsweise in kochendem Salzwasser etwa 3 Minuten garen. Wenn die Gnocchi gar sind, schwimmen sie oben. Mit einer Schaumkelle aus dem Salzwasser heben.

5. Die Nüsse grob hacken. Die Butter zerlassen und die Nüsse darin anrösten. Salbeiblätter dazugeben und ganz kurz mitbraten.

6. Gnocchi auf einem Teller anrichten und mit der Walnuss-Salbei-Butter beträufeln. Etwas Pfeffer darüber mahlen und mit dem frisch gehobelten Parmesan anrichten.

Mein Tipp: DIE GNOCCHI KÖNNEN UNGEKOCHT GUT EINGEFROREN UND DANN BEI BEDARF GEFROREN IN KOCHENDES SALZWASSER GEGEBEN WERDEN.

Wenn es in der Küche ganz wunderbar nach Schokolade und Zimt duftet, ist sicherlich ein Gewürzkuchen im Ofen. Mit seinem weißen Guss ist dieser Kuchen das perfekte Wintergebäck. Das Geheimnis des schneeweißen Gusses ist, den Puderzucker mit Sahne statt mit Wasser anzurühren.

SCHOKO-GEWÜRZKUCHEN
mit Schneeguss

Zutaten

für den Teig
etwas Butter für die Form
45 g Backkakao (zum Bestäuben und für den Teig)
350 g Mehl
225 g Zucker
10 g Backpulver
1 Prise Salz
1 Bio-Orange (Abrieb)
2 TL Spekulatiusgewürz
200 ml Orangensaft
150 ml Buttermilch
130 ml Sonnenblumenöl
2 Eier (M)
50 g gehackte Schokolade
50 g gehackte Walnüsse

für den Kuchenguss
200 g Puderzucker
3 EL Sahne

Zubereitung

1. Den Backofen auf 175°C Ober- und Unterhitze vorheizen. Eine Gugelhupf-Form dick mit Butter ausstreichen und mit etwas Kakao bestäuben. Mit einer Reibe die Schale der Orange ganz dünn abreiben.

2. Mehl, Zucker, Kakao, Backpulver, Orangenabrieb und Gewürze vermischen.

3. In einer Rührschüssel Orangensaft, Buttermilch, Öl und Eier mit dem Handmixer gut vermixen. Das flüssige Gemisch nun zu der Mehlmischung geben und kurz verrühren.

4. Die gehackte Schokolade und die gehackten Nüsse mit einem Kochlöffel unterheben, den Teig in die vorbereitete Backform geben und ca. 50 Minuten backen (Stäbchenprobe).

5. Den Kuchen etwas abkühlen lassen und dann aus der Form stürzen.

6. Aus Puderzucker und Sahne einen cremigen Guss rühren. Diesen auf den vollständig ausgekühlten Kuchen geben.

Mein Tipp: ICH FINDE ROTE GRANATAPFELKERNE ALS TOPPING AUF DEM WEISSEN GUSS WUNDERSCHÖN. MIT KANDIERTEN ORANGEN ODER NÜSSEN IST DER KUCHEN AUCH SEHR VERFÜHRERISCH.

Manchmal muss es einfach schokoladig sein. Eine wunderbare kleine Schokotorte. Ein fluffiger, schokoladiger Traum in drei fast schon verboten leckeren, sündhaften Schichten. Sahne und Schokolade auf einem Boden, der schwer an einen Riesenbrownie erinnert. Wer sich jetzt vor Kalorien fürchtet, sollte lieber weiterblättern. Alle, die sich trauen, werden beim Genuss dieses Törtchens im Schokohimmel schweben.

Triple CHOCOLATE CAKE

Zutaten für eine 20-cm-Form

für den Boden
200 g hochwertige Zartbitterschokolade (70 % Kakaogehalt)
3 Eier
50 g Zucker
50 g Mehl
75 g Butter
1 Prise Salz

für die dunkle Schokoschicht
200 g hochwertige Vollmilchschokolade (30 % Kakaogehalt)
200 g Sahne (100+100)
2 TL Sahnesteif

für die helle Schokoschicht
200 g hochwertige weiße Schokolade (20 % Kakaogehalt, besser mehr)
200 g Schlagsahne (100+100)
2 TL Sahnesteif

Zubereitung

1. Die Zartbitterschokolade über einem Wasserbad schmelzen.

2. Eier trennen und das Eiweiß mit Salz zu sehr steifem Eischnee schlagen.

3. In einer anderen Schüssel Butter und Eigelbe mit dem Zucker schaumig schlagen.

4. Mehl und geschmolzene Schokolade dazugeben und zuletzt das Eiweiß unterheben.

5. Teig in eine Springform (20 cm) füllen und bei Ober- und Unterhitze 25 Minuten backen (der Ofen muss nicht vorgeheizt sein).

6. Aus dem Ofen nehmen und ganz auskühlen lassen. Einen Tortenrand um den Boden legen.

7. 100 g Sahne im Topf erwärmen, sobald sie dampft, vom Herd nehmen und die Vollmichschokolade einrühren.

8. 100 g Sahne mit 2 TL Sahnesteif steif schlagen und alles mit der Schokosahne mischen.

9. Auf dem Kuchenboden geben und kurz in den Kühlschrank stellen.

10. Nochmals 100 g Sahne im Topf erwärmen und die weiße Schokolade darin auflösen. Auch hier den Topf vom Herd nehmen, sobald die Sahne dampft.

11. Die restlichen 100 g Sahne mit 2 TL Sahnesteif aufschlagen und die flüssige weiße Schokolade darunterheben.

12. Diese Masse auf die Vollmilchschokomasse geben und über Nacht in den Kühlschrank stellen.

13. Vor dem Servieren den Tortenrand lösen und evtl. mit Schokoraspel etc. dekorieren.

DIE SCHOKOMASSE RECHT WEICH IST – DIE TORTE WIRD IM KÜHLSCHRANK GANZ SICHER FEST. VERWENDET UNBEDINGT HOCHWERTIGE SCHOKOLADE – DAS SCHMECKT WIRKLICH VIEL BESSER!

Mein Tipp: KEINE SORGE, WENN

Marshmallow. Als Kind habe ich es in Form von weißen Mäusen, Mäusespeck und rosa Pilzen geliebt. Heute mag ich die fluffigen Teilchen immer noch sehr gerne – am liebsten aber als Topping meiner heißen Schokolade. Damit ich auch wirklich weiß, was da eigentlich drin ist, mache ich meine Marshmallows selbst. Ihr benötigt nur Eiweiß, Zucker, Gelatine und Wasser. Damit bekommt man selbst gemachte, schneeweiße und fluffige Marshmallows hin. Ganz ohne Farbstoffe oder sonstige Zusätze.

Heiße Schokolade
MIT HOMEMADE MARSHMALLOWS

Zutaten

für die Marshmallows
250 g + 2 EL gesiebter Puderzucker

2 Esslöffel Speisestärke zum Bestäuben

2 Päckchen Vanillezucker

2 Päckchen (à 9 g) gemahlene Gelatine

180 ml Wasser

1 kleine Prise Salz

Öl für die Form

für die heiße Schokolade:
300 ml Milch

2 Esslöffel ungesüßtes, hochwertiges Kakaopulver

1 Prise Zimt

Zubereitung

1. 2 Esslöffel Puderzucker und 2 Esslöffel Speisestärke mischen. Eine Auflaufform fetten und mit der Hälfte der Mischung ausstäuben. In einer Rührschüssel den restlichen Puderzucker mit dem Vanillezucker mischen.

2. In einem Topf die Gelatine im Wasser einweichen. Kurz erwärmen, dabei das Rühren nicht vergessen und das Salz hinzugeben. Die heiße Flüssigkeit in das Puderzucker-Vanillezucker-Gemisch geben und mit dem Rührgerät fluffig aufschlagen.

3. In die gefettete Auflaufform gießen und mindestens eine Stunde stehen lassen. Dann die Masse herausstürzen und mit dem übrigen Stärke-Zucker-Gemisch bestäuben. Mit einem Keksausstecher Sterne ausstechen und die Kanten ebenfalls bestäuben.

4. Für die heiße Schokolade von der Milch ca. 3 Esslöffel abnehmen und mit dem Kakao zu einer Paste verrühren. Die Paste zur restlichen Milch zurückgeben. Milch mit Kakao und Zimt in einem kleinen Topf aufkochen.

5. In eine Tasse füllen und mit einem Marshmallow-Stern servieren.

6. Der Stern löst sich langsam auf und gibt der Schokolade eine angenehme Süße.

Im Winter gehört es für mich dazu, auch mal einen Sonntag auf dem Sofa zu verbringen; eingekuschelt in eine gemütliche Decke ein Buch zu lesen oder Serien zu schauen. Natürlich brauche ich dann auch etwas zu knabbern dazu. Die Knabbereien dürfen gerne gesund sein. Ich möchte euch gerne einen gesunden Snack zeigen, der sich auch als ein hübsches Mitbringsel eignet und zudem ganz fix gemacht ist.

Gewürzmandeln

Zutaten

200 g Mandeln
2 EL flüssiger Honig
1 TL Kokosöl
1 kleine getrocknete Chilischote
1 TL Paprikapulver
½ TL Currypulver
etwas Fleur de Sel

Zubereitung

1. Den Backofen auf 225° Ober-/Unterhitze vorheizen.

2. Die Mandeln mit dem Honig und dem Kokosöl gut vermischen.

3. Die Chilischote im Mörser zerkleinern und mit Paprikapulver, Curry und dem Salz zu den Mandeln geben. Gründlich mischen, die Mandeln müssen gut mit der Gewürzmischung überzogen sein.

4. Die Mandeln auf ein mit Backpapier belegtes Blech geben und 7–8 Minuten goldbraun rösten, dabei immer wieder wenden.

5. Nach dem Herausnehmen gut abkühlen lassen.

Mein Tipp: PROBIERT DAS REZEPT AUCH MIT ANDEREN NÜSSEN AUS!

Im Winter

DEKORIERE ICH GERNE MIT KERZEN UND WINDLICHTERN.

Ich verteile sie im ganzen Haus, auf der Terrasse und vor unserer Haustüre. Ich finde es schön, meinen Gästen an düsteren Wintertagen mit eisig glitzernden Windlichtern das Treppenhaus und den Eingangsbereich zu erhellen.

EISIGES Windlicht

Ihr braucht

- verschiedene Gläser
- grobes Meersalz oder grobes Spülmaschinensalz
- etwas Wasser
- Teelichter

So wird es gemacht

 **1** In das Glas füllt man etwa 1 cm hoch das grobe Salz. Dann träufelt man vorsichtig Wasser hinein, bis das Salz gerade eben mit dem Wasser bedeckt ist.

Jetzt das Glas an einen warmen Ort (evtl. Heizung) stellen. **2**

3 Nun heißt es abwarten: Während das Wasser langsam verdunstet, bildet sich auf der Innenseite des Glases kleine Salzkristalle. Diese wandern innerhalb der nächsten Tage nach oben.

 4 Zwischendurch kontrollieren, ob noch genug Wasser im Gefäß ist. Sollte keines mehr zu sehen sein, dann bitte wieder etwas Wasser nachfüllen. Den Vorgang so lange wiederholen, bis die gewünschte „Vereisung" erreicht ist. Jetzt braucht nur noch das Teelicht hineingestellt und das Glas evtl. noch etwas verziert werden.

Mein Tipp: DA DIE SALZKRUSTE FEUCHTIGKEIT AUFNIMMT, SOLLTEN DIE WINDLICHTER NUR IM HAUS ODER IN EINEM GESCHÜTZTEN BEREICH VERWENDET WERDEN.

ICH MAG ES, WENN AUCH NOCH NACH DER

Weihnachtszeit

IM HAUS VIELE KERZEN BRENNEN
UND ALLES SCHÖN IM WARMEN LICHT LEUCHTET.

Der Inbegriff der Gemütlichkeit sind für mich Kerzen. Leider sind gekaufte Duftkerzen meist aus billigem und umweltschädlichem Petroleum, dessen Dämpfe man eigentlich nicht einatmen möchte. Deshalb habe ich mich nach einer umweltfreundlichen Alternative umgesehen und bin so auf Sojawachs gestoßen.

KERZEN
aus Sojawachs

Ihr braucht
- Kerzendochte aus Holz
- Gläser oder Tassen als Kerzengefäß
- ein hitzebeständiges Gefäß für das Wachs, z.B. eine Konservendose
- 100 g Sojawachsflocken (reicht für 2 kleine, teetassengroße Behälter)
- natürliches Duftöl
- 1 Topf für ein Wasserbad

So wird es gemacht

1 Die Kerzendochte in die Gläser oder Tassen stellen. Das Wachs in einem Wasserbad schmelzen, das Duftöl dazugeben und kurz verrühren.

 2 Das flüssige Wachs vorsichtig in die Gefäße füllen, das Wachs abkühlen und härten lassen.

3 Beim Abkühlen kann es sein, dass das Wachs um den Docht herum etwas einsinkt, die Kuhle füllt ihr einfach mit etwas flüssigem Wachs auf.

Mein Tipp: WER KEINEN HOLZDOCHT BEKOMMT, KANN AUCH TEXTILDOCHT VERWENDEN. DER DOCHT MUSS DANN ALLERDINGS MIT HILFE EINER WÄSCHEKLAMMER MITTIG ÜBER DEM KERZENGEFÄSS FIXIERT WERDEN. DAS IST WICHTIG, DAMIT ER BEIM EINFÜLLEN VON WACHS NICHT VERRUTSCHT.

DANKSAGUNG

Ein Buch zu schreiben ist in etwas so, wie im Garten ein Samenkorn in die Erde zu legen. Um reifen zu können, muss es regelmäßig mit Ideen gegossen werden. Das Pflänzlein muss gehegt und gepflegt und ab und an auch etwas „Unkraut" gezupft werden.

Ich möchte mich bei allen, die mich beim „Wachsen" des Buches unterstützt haben, bedanken.

Der größte Dank geht an meine Familie, meinen Mann Andi und meine beiden Kinder, Leonie und Lucas, die mich bei allem tatkräftig unterstützt und ermutigt haben. Die alle Rezepte mit mir getestet haben und teilweise mehrmals aufessen mussten und meine Launen – wenn mal was schief gegangen ist – ausgehalten haben. Ihr wisst gar nicht, was es für mich bedeutet, euch im Rücken zu haben.

Danke an meinen Onkel Jürgen, der die Bäckerei meines Opas weiterführt, für die vielen Profi-Tipps und den Austausch neuer Rezepte.

Danke an meine Oma Amalie, mit der ich immer gerne Weihnachtsplätzchen gebacken habe und deren Rezepte immer noch zu meinen liebsten gehören.

Danke an meine Freunde und Kollegen, die sich immer gerne als Testesser zur Verfügung gestellt haben, danke auch für eure ehrliche Kritik.

Danke an Uta Korzeniewski, meine Lektorin. Sie war es, die das erste Samenkorn ausgesät hat, ohne sie hätte es dieses Buch niemals gegeben.

Danke an den Thorbecke Verlag für das Vertrauen, mit mir dieses Projekt zu starten.